Ralf Beckmann

Trainingspraxis Schwimmen

Der Autor:
Ralf Beckmann am Beckenrand. Konzentriertes Beobachten der Schützlinge. Sachlichkeit und Ruhe übertragen sich auch auf die Mannschaft.

Ralf Beckmann

Trainingspraxis Schwimmen

Eine Anleitung für Schwimmer und Trainer

sport fahnemann verlag
Bockenem

Ralf Beckmann
Trainingspraxis Schwimmen
— Eine Anleitung für Schwimmer und Trainer —
1. Auflage 1987

Fotos:
Umschlagentwurf und Titelfoto: Albrecht Fahnemann
Fotos: A. Fahnemann (15), B. Rajki (1)

ISBN 3 – 88565 – 008 – 8
Verlags-Bestell-Nr. 13030

Printed in Germany 1987
by DRUCKHAUS GROSSILDE, 3205 Bockenem

Inhalt

1. Einige Vor-Sätze

Mit dieser Ausarbeitung, die insbesondere an die Adresse der »Einsteiger« in den Schwimmsport gerichtet ist, mache ich den Versuch, einen Teil meiner Erfahrungen und (Er)Kenntnisse aus der Praxis für die Praxis zu vermitteln.

Das alles ist ohne ein „Mindestmaß" an Theorie kaum zu verwirklichen. Ich erhebe mit meinen Ausführungen keinerlei Anspruch auf Vollständigkeit und schon gar nicht auf konsequente wissenschaftliche Präzision oder praktische Perfektion.

Die folgenden Beiträge können und sollen als eine von mehreren Möglichkeiten gesehen werden, Anregungen zu bekommen oder schon Bekanntes aufzufrischen.

Vielleicht findest Du, ja Du, an irgendwelchen Stellen einen neuen Ansatz für Deine Arbeit im Schwimmsport. Wenn das so ist, dann bist Du vielseitiger geworden und ich habe meinen »Vorsatz« erreicht.

Ralf Beckmann

2. Unser Schwimmsport

Schwimmsport – das ist mehr als das Training zur Vorbereitung auf Wettkämpfe mit der Zielsetzung eines erfolgreichen Abschneidens.
Schwimmsportler – das ist nicht nur derjenige, der im Wettkampf mehr oder weniger schnell schwimmt.
Im Schwimmsport betätigen sich Menschen jeden Alters, sei es als Aktiver mit unterschiedlich hohen Zielsetzungen, sei es als »stiller« Förderer oder als engagierter »Funktionär«.

Mit Haut und Haaren

Alle, die sich als »aktiv« bezeichnen, haben sich wortwörtlich mit Haut und Haaren mit dem nassen Element, dem Wasser, auseinanderzusetzen.

Das Betätigungfeld ist außerordentlich vielseitig – und das nicht nur im Bereich des „reinen Schwimmens". Mit einen Blick über den Tauchstreifen hinaus (der ja sehr schmal ist), erkennen wir, daß der organisierte Schwimmsport

Nur Schwimmer?

gar nicht »nur« aus »Schwimmern« besteht.
Da haben wir die Wasserballer, die Kunst- bzw. Synchronschwimmerinnen und die Kunstspringer um uns herum.
Sie alle fallen unter den Sammelbegriff »Schwimmsportler«. In jeder der vier Schwimmdisziplinen bzw. »Sparten« werden unterschiedliche Anforderungen an den Athleten gestellt. Denken wir nur an die Bewegungsvielfalt im Synchronschwimmen oder an den Mut und die Körperbeherrschung im Kunstspringen oder an die kämpferischen und taktischen Erfordernisse im Wasserball.

Möglichkeiten

Wir, die Schwimmer »im engeren Sinne des Wortes«, die dem **Schwimm**sport den Namen gaben, haben uns mittlerweile vier standardisierte Möglichkeiten ausgedacht, im Wasser vorwärts zu kommen. Die eine Möglichkeit nennen wir »Kraul«, eine andere »Schmetterling«, eine weitere »Rücken« und auch noch »Brust«.

In Regeln (den Wettkampfbestimmungen, kurz »WB« genannt) sind die individuellen »Auslegungsmöglichkeiten« präzise festgelegt.

»Vorschriftsmäßig« werden nicht gerade Anregungen gegeben, auch nach anderen »Bewegungsmöglichkeiten« im Wasser zu suchen.

Der Seitenwechsel

Im schwimmerischen Ausbildungsprozeß, kurz Training genannt, geht es zumeist sehr früh darum, so schnell wie möglich von der einen Seite des Beckens zur anderen Seite zu kommen.

Wer das schafft, je eher umso besser, der ist ein guter Schwimmer!

Ist es wirklich das, ist es wirklich »nur« das, was den Schwimmsport ausmacht...?

Unser Schwimmsport kann mehr sein, er muß mehr sein, und zum Glück bietet er zumeist auch mehr.

Ohne Frage, wer Sport treibt, möchte etwas leisten; wer Sport treibt, der soll auch etwas leisten!

Das Leistungsstreben ist, wie auch die Veranlagung, individuell unterschiedlich ausgeprägt.

Aufgefordert

Wo beides zusammenkommt, das Streben und die Veranlagung (um nur zwei wesentliche Faktoren zu nennen), da sind wir aufgefordert und, wie ich

11

meine, geradezu verpflichtet, diese Anlagen zu fördern.

Nach einem breiten Spektrum an Bewegungserfahrungen (bitte die Anregungen dazu nicht nur in den Wettkampfbestimmungen nachlesen) wird die weitere Ausbildung einen spezielleren Charakter erhalten, Intensität und Umfang nehmen zu. Es wird sich auch speziell jemand um die Gruppe derjenigen kümmern und bemühen müssen, die eine größere Veranlagung und ein stärkeres Streben nach Leistung haben. Wir sollten uns jedoch davor **Gute Schwimmer** hüten, nur solche Athleten als »gute Schwimmer« zu bezeichnen, die in hohe Leistungsbereiche eindringen oder eindringen wollen.

Es sind auch nicht nur diejenigen »gute Trainer«, die sich um eine **solche** Gruppe von Aktiven besonders bemühen.

Gute Trainer Ein guter Trainer ist jeder, dem es gelingt, Sportler egal welchen Alters, für den Sport, hier für den Schwimmsport, zu begeistern und zu gewinnen.

Der eine macht sich ohne den anderen schnell überflüssig! Der Schwimmsport kann jedem etwas bieten, vom Kleinkind bis zum Urgroßvater.

Wir haben im Schwimmsport nicht nur Reserven in der Leistung eines jeden Sportlers, die größten Reserven »ruhen« im Schwimmsport in seiner Gesamtheit.

Keine andere Sportart wird täglich von so vielen betrieben, wie das Schwimmen.

Trotz teilweise rückläufiger Besucherzahlen in den bundesdeutschen Frei- und Hallenbädern ist das eine Tatsache.

Schwimmen ist Volkssport, zudem der gesündeste.

Was machen wir als die organisierten Schwimmsportler aus diesem irrsinnig großen Potential?

Mit Sicherheit zu wenig.

Wir suchen hauptsächlich nach »Nachwuchs«, den es dann möglichst schnell auf olympische Disziplinen vorzubereiten gilt.

»Vorbei- Die »breite Masse« schwimmt an uns vorbei.
schwimmer« Ich habe nicht die Absicht, in diesem Buch ein Plädoyer für den sogenannten »Breitensport« zu halten. Es ist meine Überzeugung, daß sich jede sportliche Betätigung, im Grunde genommen jede Betätigung, immer in irgendeiner Form leistungsmäßig orientiert.

Wir dürfen jedoch nicht in den von manchen Journalisten (und natürlich auch anderen Personengruppen) häufig vorexerzierten Fehler verfallen, alles am Weltrekord zu vergleichen und nur noch die gutzuheißen, die ihn anstreben.

Unser Schwimmsport steht in der Öffentlichkeit nicht nur gut da. Der Mitgliederschwund ist nur ein Symptom. Wir sind alle aufgefordert, unsere Angebotspalette zu überdenken.

Zum festen Angebot gehört, das steht außer Frage, das Streben zum und das Engagement im Leistungssport. Zum festen Auftrag gehörte es, mehr, viel mehr, die freien »Bader« in unsere Vereine zu holen.

Von den vielen Millionen, die **täglich** schwimmen gehen, werden wir auch bei größten Anstrengungen in den verschiedensten Bereichen, nur einen Teil auffangen und »bedienen« können.

Zum Beispiel... »Technikkurse«, »Anfängerschwimmen«, »Mutter-Kind-Schwimmen«, »Trimmkurse«, »Familienschwimmen«, »Flossenschwimmen«, »Alternatives Schwimmen«, »Säuglingsschwimmen«, »Freizeitschwimmen«, »Betriebsschwimmen«, viele andere Kurse, viele andere Titel ließen sich aufzählen.

Mehr zeigen Unser Schwimmsport versteckt sich. Das einzige was wir zeigen wollen, scheinen Medaillen zu sein. Warum zeigen wir nicht mehr?

Schwimmsport, das ist mehr als auf der Bahn hin- und herzujagen, Schwimmsport, das ist nicht nur im reinen Sinne des Wortes ein »sauberer Sport« (mit Sicherheit der sauberste von allen), das ist auch ein Sport, für den es lohnt einzustehen, den man vorzeigen darf, den jeder, aber wirklich jeder, selbst erproben kann, in dem es für jeden reizvolle Aufgaben geben kann.

Unser Schwimmsport besteht nicht nur aus »Trainingsweltmeistern«, obwohl, um dieses Wort einmal anders zu »zerlegen«, von uns u. a. durchaus angestrebt wird, in unserer »Welt des Trainings« auch Meister hervorzubringen.

Die Trainingswelt Damit bin ich bei der »Trainingswelt« angelangt, die für sich alleine schon so bunt, so schön, so langweilig, so hart, so herausfordernd, so klar und manchmal auch so widersprüchlich sein kann, um nur ein paar Attribute aufzuzählen.

Training ist ein Teil des ganzen Schwimmsports und des ganzen Menschen, der ihn betreibt.

Besteht der ganze Schwimmsport nur noch aus Training und vielleicht auch noch aus einigen wenigen »Interpreten« des Schwimmsportes, so stellt er sich schnell selbst infrage.

Kleine Teilchen Versuchen wir doch alle, die wir irgendwo und irgendwie am Schwimmsport arbeiten, uns als ein kleines Teil vom Ganzen zu sehen. Verbessern wir dieses kleine Teilchen ständig so gut wir können, dann leisten wir etwas für den Sport im weitesten Sinne, ohne uns nun gleich als »Teilchen« selbst überbewerten zu müssen.

3. Zur Trainertätigkeit

Die Trainer- oder Übungsleitertätigkeit findet zum Teil auch am Beckenrand statt.

Bewußt setzt sich diese Feststellung an den Anfang eines Kapitels, in dem ich einige Beobachtungen und Erfahrungen aus dem »Trainerleben« schlechthin kurz ansprechen möchte. Dabei macht es prinzipiell keinen Unterschied, ob man Trainer »nach Dienstschluß« – wie die meisten von uns – oder Berufstrainer ist. Auch spielt es nur eine untergeordnete Rolle, in welcher Leistungs- oder Altersklasse gearbeitet wird.

Nur Muskeln? In fast allen Vereinen ist es wohl so, daß auf den Trainer erheblich mehr Aufgaben zukommen und ihm auch zustehen, als »nur« dafür zu sorgen, daß die Aktiven muskulär richtig belastet werden.

Der Zeitaufwand, den ein Trainer für das »Training« einzusetzen hat, übersteigt zumeist sehr deutlich den des reinen Schwimmtrainings – die Arbeit am Beckenrand.

Nach »außen«, für wen auch immer sichtbar, ist nur die unmittelbare Arbeit »an der Front« erkennbar.

Wie auch immer diese Arbeit aussehen und eingeschätzt werden mag, es ist, obwohl es sich um den eigentlichen »Kern« Deiner Tätigkeit handelt, nur ein Teil vom Ganzen.

Unsichtbares Im »Verborgenen« warten auf Dich viele Aufgaben, die Du alleine gar nicht immer bewältigen kannst. Du bist auf die Hilfe anderer angewiesen; bleibt diese Hilfe aus, wirst Du auf Dauer als Trainer schwächer, da Du einfach überstrapaziert wirst, wenn dennoch alles »laufen« soll.

Du brauchst also einen Mitarbeiterstab, der nicht nur für Dich, sondern für die Sache arbeitet.

Ich zähle in einer willkürlichen Reihenfolge einige der »üblichen Tätigkeiten« auf, die außerhalb der festen Trainingszeiten liegen:

Übliches
- Betreuung bei Wettkämpfen
- Planung und Auswertung von Trainings- und Wettkampfergebnissen
- Organisatorische Vor- und Nachbereitung von Meisterschaften und anderen Wettkämpfen
- Chauffeurtätigkeit bei und zu Wettkämpfen
- Vorbereitung und Durchführung von sportlichen »Sondermaßnahmen« wie z.B. Trainingslager, Clubkämpfe, Internationnale Begegnungen, Ausflüge, etc.
- Hilfestellung und Beratung bei persönlichen Problemen von Aktiven (Schule, Beruf, Familie, im Sport, in der Mannschaft, usw.)
- Ständiger Ansprechpartner für Aktive und Eltern
- Eigene Fortbildung und Weitergabe an interessierte Kollegen

Die Liste ließe sich verlängern, manche Punkte könnten weiter spezifiziert werden.

Noch mehr? Auf den ersten Blick sieht das alles nach sehr viel Arbeit und Aufwand aus, wer dahinterschaut wird feststellen, daß es noch mehr ist.

Es ist nicht nur mehr im Sinne von aufzubringender Zeit, es ist auch mehr in sich selbst.

Trainer zu sein ist zum Glück mehr als, wie schon eingangs erwähnt und viele Außenstehende meinen, das reine Trimmen von Muskeln.

Beobachtungen In Deiner praktischen Arbeit unterliegst Du als Trainer einer ständigen Kontrolle. Die Aktiven beobachten Dich genau unter den verschiedensten Aspekten und erwarten etwas von Dir. Andere Trainer beobachten Dich, nicht immer (aber hoffentlich meistens) wohlgesonnen, die allgemeine Öffentlichkeit beobachtet Dich (oder trainierst Du heimlich?), beteiligte und unbeteiligte Eltern beobachten Dich, und manche sind besonders kritisch.

Nicht alle... Das sollen sie auch sein, doch nicht alle Eltern sind immer reell und fair. Wie sollen sie das auch sein können? Sie haben einen anderen »Informationsstand« als Du und bekommen ihre Informationen auch nicht immer aus »der ersten Hand«. So kommt es naturgemäß »schon mal« zu Fehleinschätzungen. Das kann auch der engagierte Trainer nicht vermeiden.

Nimm so etwas nicht gleichgültig hin, vielleicht kannst Du ja wirklich noch manches verbessern (wer könnte und möchte das nicht?), laß Dich aber andererseits nicht verrückt machen, kläre auf, wo Du es kannst, laß Dich auch durch »überraschende Argumente« nicht aus dem Gleichgewicht bringen. Das klappt nicht immer, auch Dir geht einmal eine Sicherung durch, macht nichts.

Neue Sicherung Schraube Dir eine neue rein und laß den Strom wieder laufen. Macht es in Deiner Umgebung ein anderer denn besser als Du? Na also, dann brauchst Du auch nicht vor den Schwächen der anderen (die oft nur menschlich sind) davonzulaufen.

Verdau' es und stelle Dich.

Ganz hart In einer Sache bleibst Du ganz hart: in Deiner fachlichen Kompetenz.

Da redet Dir keiner hinein, da bist Du ganz souverän. Auf welche Weise Du das auch immer regelst, Du hast sicherzustellen, daß im unmittelbaren Training, bei Wettkämpfen, bei Mannschaftsaufstellungen, etc. nur das »läuft«, was Deine Zustimmung findet.

Dafür hast Du dann auch »geradezustehen«.

Deine fachliche Kompetenz nimmt am schnellsten zu, wenn Du geradlinig und zielstrebig arbeitest und dir dabei die Kenntnisse und Erfahrungen anderer Kollegen zu Nutze machst.

Zufrieden? Sei nie mit Dir selbst zufrieden, versuche Dich weiter zu verbessern, glaube bloß nicht nach den ersten Erfolgen, daß Du **alles** richtig machst, das hat auch vor Dir noch keiner geschafft.

An dem Tage, an dem Du nichts mehr zu verbessern hast, wo auch immer, hört die Entwicklung auf.

Deine Aktiven haben ein Recht darauf, daß Du Dich bei Dir selbst um Leistungssteigerung bemühst, das verlangst Du doch auch von den Aktiven.

Sport ist Leben Wo Sportler sind, da ist Leben, da sind Aktivitäten. Um Dich herum sind junge, gesunde, überwiegend tatkräftige und zielstrebige Menschen (mit Abstufungen). Du bist in einer »positiven Atmosphäre«, auch wenn schon mal Konflikte auftreten und bereinigt werden müssen.

In Deiner sportlichen Umgebung wird hart gearbeitet, aber auch locker gespielt; es wird gelacht und geflucht, es wird gestritten und kameradschaftlich vertragen, es werden Erfolge bejubelt und Mißerfolge beklagt, es gibt »Aktion« und »tote Phasen«, vieles wiederholt sich, und doch passiert jeden Tag etwas Neues.

Nicht nur Freu(n)de

Als Trainer wirst Du konfrontiert mit Ärger, Neid, Intrigen, Unterstellungen, Du mußt Widerstände bekämpfen und manches »Private« hintenanstellen. Auch bei den allergrößten Anstrengungen wirst Du noch »Unzufriedene« um Dich herum haben; manche »Gegner« brauchst Du Dir gar nicht erst zu machen, die sind schon vor Dir da. Den einen oder anderen kannst Du vielleicht »bekehren«, wodurch auch immer, einige »Bohrer« bleiben über oder kommen dazu.

Du führst

Doch genauso (oder hoffentlich vielmehr) wirst Du Deine Freude daran haben, etwas zu leisten, anderen und Dir selbst bei der Verwirklichung von sportlichen und anderen Zielen zu helfen, wobei Dir manch einer aufgeschlossen zur Seite Seite stehen wird, Du wirst neue Ideen haben, manche davon verwirklichen und mache wieder fallenlassen (müssen). Du führst Dich und andere immer wieder an die eigene Leistungsgrenze heran und unterliegst so einer ständigen Erprobung.

Als Trainer stehst Du mitten im Leben – auf einem unbequemen und turbulenten Platz.

Du stehst da mit wechselnden Aussichten, mit Kenntnissen und Erkenntnissen, mit Fragen und mit Antworten, mit Enttäuschungen und Erfolgen, mit Freund und mit »Feind«, mit Glück und mit Pech, alles um Dich herum ist auf irgendeine Weise »in Bewegung«.

Schmeckt es?

Manches hiervon und vieles andere hast Du immer wieder »durchzukauen«. Nicht jeder verdaut eine solche Mischung, entscheide selbst, ob Dir das nun schmeckt oder nicht....

Wettkampf-Mode spielt schon eine große Rolle bei den jungen Damen – aber nicht im Training. Strumpfhosen, zwei Schwimmanzüge übereinander – Hauptsache es geht schwer. Dann geht es im Wettkampf um so schneller.

4. Trainingslehre

Was ist Training? Training ist.....

Was könnte man da wohl alles anfügen?

Das Spektrum dürfte riesig sein. Versuchen wir die Frage ganz unvoreingenommen und emotionslos zu klären und lassen der Präzision wegen einen Wissenschaftler zu Worte kommen:

»Training ist die Wiederholung zielgerichteter muskulärer Beanspruchung zum Zwecke der Leistungssteigerung mit funktionellen und morphologischen Anpassungserscheinungen«

Diese, aus rein sportmedizinischer Sicht (nach Hollmann) gegebene Definition sagt uns mit anderen Worten, daß vom rein sportlichen Training erst dann die Rede sein kann, wenn »muskuläre Beanspruchungen« (z.B. das Heben eines Gewichtes oder das Schwimmen einer festgelegten Strecke) systematisch aufeinander folgen **und** aufeinander abgestimmt sind.

Ist dieses der Fall, so vollziehen sich am Körper und am Organismus ganz bestimmte Anpassungserscheinungen, die die Gestalt (Morphologie) und Funktion der Organe, wie z.B. Herz, Muskel, Nerven, des Kreislaufes, des Stoffwechsels, des Blutes und der Drüsen positiv beeinflussen.

Einer physiologischen Zwangsreaktion zufolge versucht der Körper bzw. der Organismus, sich den Belastungen, denen er ausgesetzt wird, anzupassen.

Sehr treffend und anschaulich ist wohl die Bezeichnung »Reiz-Reaktionsmechanismus«, womit zum Ausdruck gebracht wird, daß auf jeden »Reiz« (sprich Belastung) eine Reaktion erfolgt, die bei richtiger Dosierung Anpassungserscheinungen auslöst.

Angemessene Reize Im Training geht es, rein physiologisch gesehen, demnach in erster Linie darum, die Trainierenden **»angemessenen«** Reizen auszusetzen.

Nur wenn die Belastung hinsichtlich der Stärke (Intensität), der Dauer und der nachfolgenden Erholungszeit richtig gewählt wurde, können sich Anpassungsvorgänge und, damit verbunden, Leistungssteigerungen vollziehen. Wie in so vielen Dingen, so ist es auch hier die Frage nach der richtigen Dosierung, die jeweils anzusetzen ist.

Eine ganze Reihe von Faktoren spielen bei einer solchen Festsetzung eine Rolle.

Grundsätzliche Hinweise gibt uns die »Schultz-Arndtsche-Regel«, wonach sich schwache Reize auf die Lebenstätigkeit anregend auswirken, starke Reize Anpassungserscheinungen auslösen und zu starke Reize schädlich sind.

Wo nun die Grenze liegt zwischen den schwachen und den starken Reizen und zwischen dem starken und dem **zu** starken Reiz, ist nicht immer leicht zu beurteilen und zählt zu einer der Kernfragen im Trainingsprozeß überhaupt.

Die Reizschwelle Jeder Aktive hat eine »Reizschwelle« (jeder Trainer übrigens auch . . .).

Diese Reizschwelle gilt es im Training immer wieder zu durchbrechen.

Hierbei können mehrere »unterschwellige« Reize durch entsprechend häufige Wiederholung in ihrer Gesamtheit durchaus zu einem »überschwelligen« Reiz werden. Zu berücksichtigen ist auch, daß sich die individuelle

Reizschwelle im Verlauf der Trainingsarbeit immer weiter nach »oben« verschiebt.

Hat sich also der Trainierende an eine bestimmte Belastungshöhe gewöhnt (angepaßt), so müssen die folgenden Reize entsprechend erhöht werden, um weitere Leistungssteigerungen bewirken zu können.

Eine Erhöhung der Trainingsreize läßt sich auf unterschiedliche und auch sehr vielfältige Weise bewirken.

Angebote

Ganz grundsätzlich bietet sich an:
a) Steigerung der Trainingsquantität
b) Steigerung der Trainigsqualität.
c) Mischung aus a) und b)
Der erste Weg (Umfangssteigerung) scheint der »leichteste« zu sein. Er läßt sich auch sehr gut in Trainingsstunden und geschwommenen Kilometern u.ä. leicht nachweisen. Auch scheint bei vielen Beteiligten eher die Bereitschaft zu bestehen, mehr zu trainieren, als besser zu trainieren.

Auf dieses bedauerliche Phänomen werde ich an anderer Stelle noch näher eingehen.

Mehr Qualität

Grundsätzlich sollte an erster Stelle immer die Verbesserung der Trainigs-**qualität** stehen, und das nicht nur im engeren Sinne von Intensitätssteigerung, sondern unter dem Aspekt gesteigerter Qualität im weitesten Sinne.
Da gibt es enorm viel zu tun.
Training ist eben nicht gleich Training.
Geradezu teuflisch ist es, den Erfolg oder den Wert oder die Effektivität des Schwimmtrainings nur an den geschwommenen Kilometern abzulesen, wenngleich ein solcher Trend unverkennbar ist, was den Schwimmern in der Öffentlichkeit auch den Ruf von »Trainigsweltmeistern« eingebracht hat.

Training ist...

Training ist mehr als das »Erledigen« von Schwimmstrecken.
Training ist mehr als »die Wiederholung zielgerichteter muskulärer Beanspruchung«, wie die Mediziner sagen.
Training ist ein Ausbildungsprozeß im weitesten Sinne.
Training ist eine Herausforderung, mit der man sich ständig neu auseinanderzusetzen hat, sowohl der Aktive selbst als auch der Trainer.
Training ist stark beanspruchend, manchmal brutal, nie bequem, sowohl ermüdend als auch erfrischend, es kann heiter und auch monoton sein, was ließe sich hier nicht alles an Eigenschaften aufzählen...
Gestatten Sie mir einen bildlichen Vergleich.

Die Straße zum Wettkampf

Sportlich ausgerichtetes Training ist letztendlich wie eine »Straße zum Wettkampf«.
Die Straße auf der man fährt, ist unterschiedlichster Bauart und führt durch die verschiedensten Geländeformen.
Machen wir doch einmal eine » Trainingsreise« mit dem Auto:
Nach vorsichtigem Anfahren auf möglichst gut ausgebauter Strecke im Flachland erhöhen wir die Geschwindigkeit.

Schlechte Wegstrecken

Es geht nicht immer nur geradeaus. Über gut ausgebaute Straßen kommt man leicht hinweg, doch es gibt auch schlechte Wegstrecken, wo es sehr holprig zugehen kann. Manchmal scheint es gar nicht weiterzugehen, plötzlich ist gar der Rückwärtsgang drin. Vielleicht muß umgeschaltet oder eine Umleitung gesucht werden. Möglicherweise ist ein kleines Ausweichmanöver angebracht, doch vorsichtig, selbst dabei kann es trotz bester Absicht einen Totalschaden geben.

Manche Kurve muß genommen werden. Geht man zu schnell in die Kurve, fliegt man auch schon einmal heraus, geht man zu langsam hinein, wird man von den anderen überholt. So manches Abdrängungsmanöver ist zu überstehen.

Noch anstrengender wird es im bergigen Gelände. Nur mühsam astet man sich hinauf, es muß immer der richtige Gang eingelegt sein, mit Bremse und Gas muß man gut umgehen. Wer falsch lenkt, ist schnell am Abgrund. Gerade bei schwierigen Wegstrecken ist es eine Erleichterung, wenn man in einer Kolonne fährt, da wird einem eher und schneller geholfen.

Nur Vollgas? Auf ebener Strecke kann man wieder richtig Gas geben. Doch vorsichtig, wer nur Vollgas fährt, hat auch schneller einen leeren Tank.

Ich hoffe, mit diesem Vergleich ist das Prinzip deutlich geworden.

4.1 Die Kondition

Kondition ist im sportlichen Sinne im Grunde nichts anderes als ein Oberbegriff oder Sammelbegriff für die Summe und die qualitative »Zusammensetzung« der motorischen Grundeigenschaften wie Kraft − Schnelligkeit − Ausdauer − Koordination.

Siehe Tabelle Wie aus der Tabelle ersichtlich, zählen auch die Motivation und der Gesundheitszustand zur Kondition, zu den Bedingungen, unter denen ein Sportler antritt.

Selbstredend wäre ein willensschwacher und nicht gesunder Athlet in einem schlechten konditionellen Zustand. Die Kondition wird also nicht nur durch unmittelbare Trainigsmaßnahmen beeinflußt und verbessert, nachlassende Motivation oder gesundheitliche Störungen wirken sich unmittelbar aus.

Es wird differenziert zwischen der allgemeinen und der speziellen Kondition.

Die allgemeine Kondition ist nicht sportartspezifisch.

Auch ein »Nichtsportler« sollte in jedem einzelnen Bereich der Kondition ein »Mindestniveau« aufweisen. Für einen Leistungssportler, egal welcher Disziplin oder Sportart, ist das selbstverständlich, sollte man annehmen...

Allgemein-bildung Die allgemeine Kondition ist so etwas wie die Allgemeinbildung, über die jeder verfügen muß, der sich spezieller und hochqualifizierter ausbilden lassen möchte. Die spezielle Kondition baut sich hierauf auf und richtet sich nach den Gegebenheiten und Erfordernissen der Spezialdisziplin.

Spezielles Die spezielle Kondition eines Kugelstoßers sieht denn auch anders aus, als die eines Marathonläufers. Letzterer wird in **seinem** Konditionstraining den Schwerpunkt in den Bereich der Ausdauer legen, der Kugelstoßer wird mehr Wert auf Kraft und Schnellkraft legen.

In der Trainingslehre zieht man einen klaren Trennungsstrich zwischen der **Konditionsschulung** einerseits und der **Technikschulung** andererseits.

Allgemeine Kondition

	Kraft	Ausdauer	Schnelligkeit	Koordination	Allgemeiner Gesundheitszustand	Motivation
Trainingsmittel / Trainings-prinzip	statisches, dynamisches, exzentrisches, isokinetisches Muskelkraft-training, Mini-Gym Exergenie Collcraft Hanteln Zugseil Eigengewicht Partnerübungen Rollbank	Intervallmeth. Ausdauermeth. aerob: Langstr.-Schw. Langzeitinterv. Tempospiel Waldläufe Rudern Skilanglauf Radfahren anaerob: Kurzzeitinterv. Atemmangeltrain. Unterbr.Schwimm. Tauchen	Sprints Reaktionsübung. Starts in allen Formen Koordinations-übungen Rhythmusschulg. Schwimmen mit plötzlichem Tempowechsel Hochfrequente Zugübungen an Land	Verbessern der allgemeinen Beweglichkeit Dehnübungen Lockerungsübg. Koordinations-übungen	Gesunde Lebensweise 9 - 10 Std. Schlaf Ausgewogene Ernährung Ärztliche Kontrolle Seelisches Gleichgewicht	Freude an der Leistung Interesse am Training wecken Häufiges Überwinden des Unlustgefühls
Physiologische Charakte-ristika	Muskelquer-schnittsver-größerung Kraftzuwachs Schnellkraft-zuwachs	Herzkräftigung Kreislauf-verbesserung Kapillarisierung Erhöhung der O$_2$-Aufnahmefähigk. Erhöhung des Minutenvolumens	Nerven-Muskel-Koordination wird verbessert Besseres Reak-tionsvermögen	Erweiterung der Bewegungsfähig-keit Ökonomischere Bewegungs-abläufe Besseres Timing Fortfall von Bewegungsluxus	Verbesserung sämtlicher Lebens-funktionen	Festigung der psychischen Willensstruktur Persönlichkeits-bildung

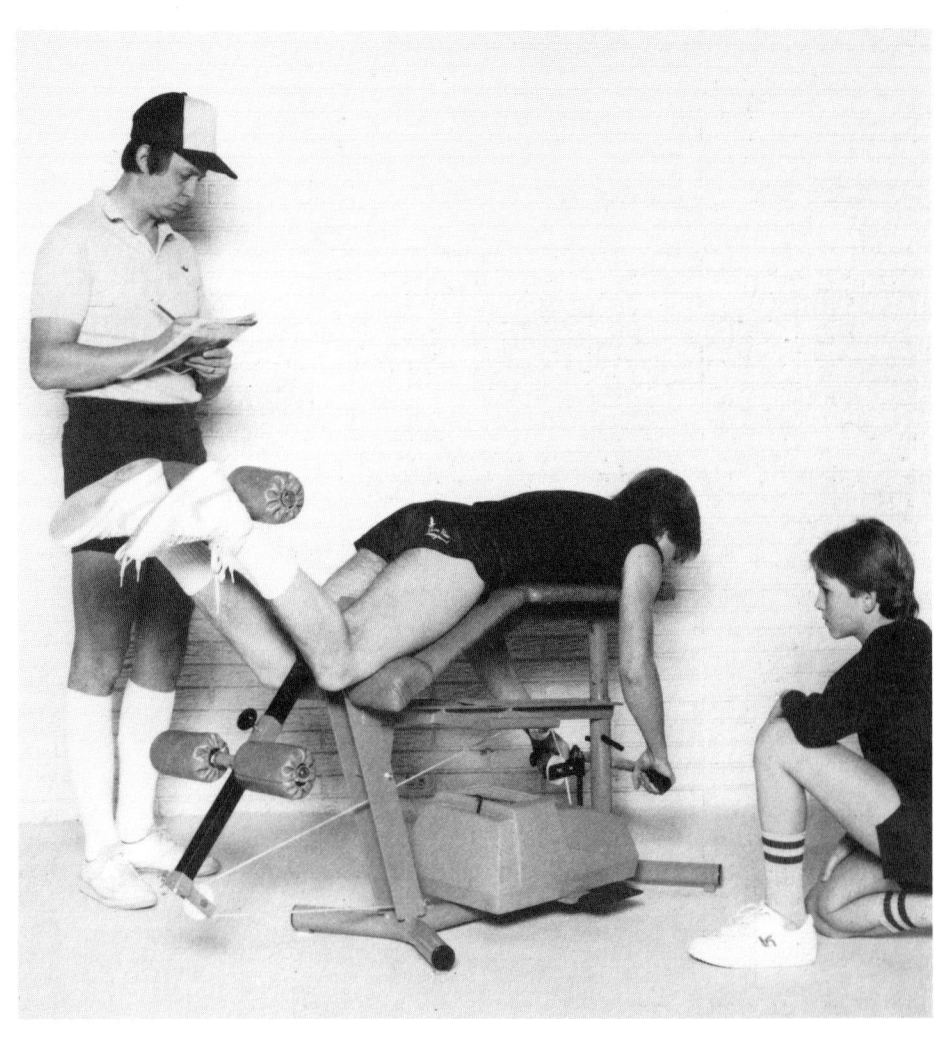

Auch beim Krafttraining mit isokinetischen Geräten wird systematisch gearbeitet. Ein Assistent des Trainers hat das Programm und kontrolliert, ob die Belastung optimal ist.

Reihenfolge	Auch in diesem Zusammenhang sei darauf hingewiesen, daß ein gezieltes Konditionstraining erst dann sinnvoll und wirklich voll wirksam wird, wenn die Reihenfolge Lernen − Üben − Trainieren eingehalten wird.

Dieser methodische Aufbau hier in einem groben Überblick:

Lernen	**Phase des Lernens:**	Hier werden dem Sportler bisher unbekannte Bewegungsabläufe (Techniken) beigebracht, wie z. B. das Kraulschwimmen, eine andere Schwimmart oder auch nur Teilbewegungen daraus und andere hinführende Übungsformen. In diesem reinen Lernprozeß sind einschlägige methodische Grundsätze zu beachten.
Üben	**Phase des Übens:**	Hier beherrscht der Sportler die zuvor erlernten Bewegungsabläufe zumindest in der Grobform. Unter verschiedenen Übungsbedingungen wird das Gelernte gefestigt und weiter verfeinert. Durch entsprechendes Üben bildet sich eine saubere Technik heraus, was zu einer Ökonomisierung der Bewegungsabläufe beiträgt.
Trainieren	**Phase des Trainierens:**	Hier werden die erlernten und durch viel Übung gefestigten Bewegungsssabläufe (Techniken) durch systematische Wiederholung nach festgelegten Belastungsfaktoren trainiert. Es wird praktisch am Antrieb gearbeitet, die konditionellen Eigenschaften werden nach den jeweiligen Erfordernissen ausgeprägt.
	Kurzum:	Üben kann ich nur, was ich zuvor erlernt habe. Trainieren kann ich nur, was ich erlernt und lange genug geübt habe.

Zurück zur Konditionsschulung, zur Kondition, die einen wesentlichen Eckpfeiler sportlicher Leistungsfähigkeit darstellt.

Wer »nur auf Kondition« trimmt, arbeitet zu einseitig. Eine »Leistung« wird immer von mehreren Säulen getragen. Wer im konditionellen Bereich nur halbherzig arbeitet, auch dem geht es im Sport nicht gut.

Nur streicheln?	Leistungstraining ist hartes Brot. Wer nur »Streicheleinheiten« vertragen kann (die auch jeder braucht), kann mit der Entwicklung nicht Schritt halten.

So wie im Training nicht »nur« gefeilt, geschliffen, geglättet und »technisiert« wird, genausowenig ist Konditionstraining das allein selig machende Mittel. Kondition ist nicht alles, aber ohne Kondition ist alles andere zu wenig.

4.2 Die Kraft − das Krafttraining

Mit der motorischen Grundeigenschaft »Kraft« wird die Fähigkeit der Muskeln bezeichnet, Widerständen entgegenwirken zu können.

Von der Art des Widerstandes hängt es ab, welche Art der Kraft eingesetzt wird.

So wird unterschieden zwischen

Unterschiede
- **Grundkraft**
- **Schnellkraft** und
- **Kraftausdauer**

Bei Überwindung sehr hoher Widerstände ist ein bestimmtes Maß an Grundkraft erforderlich.

Die Grundkraft hängt in erster Linie von der Größe des Muskelquerschnittes ab.

Geht es darum, einen bestimmten Widerstand, der nicht im Maximalbereich liegt, möglichst **schnell** in einer bestimmten Richtung zu überwinden, so spielt in Verbindung mit dem Krafteinsatz die Schnelligkeit eine Rolle: die **Schnellkraft**

Diese Art der Kraft ist vornehmlich von der Grundkraft abhängig und von der Fähigkeit der Muskulatur, schnell zu kontrahieren, d.h. sich zusammenziehen zu können.

Müssen wir über einen längeren Zeitraum immer wiederkehrende Widerstände überwinden, brauchen wir zu der eingesetzten Kraft auch noch eine Ausdauerleistungsfähigkeit, also **Kraftausdauer.**

Die Summe dieser drei Erscheinungsformen von Kraftleistungen, können wir als »allgemeine Kraft-Leistungsfähigkeit« bezeichnen.

Ist das allgemeine »Kraftniveau« ausreichend ausgeprägt für eine bestimmte Sportart, dann und erst dann, kann ein spezielleres Krafttraining einsetzen. Zur Entwicklung der motorischen Grundeigenschaft »Kraft« stehen uns zwei Haupttrainingsformen zur Verfügung:

Trainingsformen
a) dynamisches Krafttraining
b) statisches Krafttraining

Aus diesen beiden Grundformen sind weitere Mischformen abzuleiten.

Arbeitsweisen
Die Arbeitsweise im Kraftraining erfolgt entweder:

- überwindend (konzentrisch, dynamisch positiv)
- nachgebend (exzentrisch, dynamisch negativ)
- haltend (statisch, isometrisch)
- kombiniert (isokinetisch, auxotonisch)

Die gesamte Krafttrainingsarbeit läßt sich, wie schon angedeutet, noch einmal in zwei Bereiche unterteilen und zwar in

Zwei Bereiche
- allgemeines Krafttraining
- spezielles Krafttraining

Im allgemeinen Krafttraining wird nicht sportartspezifisch gearbeitet, und es werden alle drei Arten der Kraft (Grundkraft-Schnellkraft-Kraftausdauer) angesprochen. Das spezielle Krafttraining richtet sich nach den Erfordernissen der Spezialdisziplin.

Bei der Übungsauswahl kann man sich je nach Bedarfslage stützen auf:

Übungsauswahl
- allgemeinentwickelnde Übungen

- Spezialübungen und
- Wettkampfübungen

Mit der Festlegung der vier Belastungsfaktoren

- Reizintensität
- Reizdichte
- Reizumfang und
- Reizdauer

bestimmen wir, in welchem Bereich der Kraft die angesetzte Maßnahme wirken soll.

Mit der Festlegung der Bewegungsausführung bestimmen wir die einzusetzenden Muskeln und Muskelgruppen, die trainiert werden sollen.

Hier nun zu den drei Arten der Kraft die jeweils typische Belastungsstruktur, dargestellt unter Zuhilfenahme der vier Belastungsfaktoren:

Gezieltes...

Gezieltes Grundkrafttraining

Reizintensität:	80 - 100 %
Reizdauer:	1 - 6 Wiederholungen
Reizumfang:	3 - 5 Serien
Reizdichte:	2 - Min. Pause

Gezieltes Schnellkrafttraining

Hierzu vorab einige Erläuterungen:
Die Schnellkraft nimmt immer mit dem Ansteigen der Grundkraft zu. Insofern ist Grundkrafttraining auch eine Variante und Möglichkeit im Schnellkrafttraining. Andererseits muß etwas zur Steigerung der Muskelkontraktionsgeschwindigkeit getan werden, was nur gegen geringe Widerstände möglich ist (Zusammenspiel Nerv-Muskel). Bei solchen Übungen wird mit maximaler Bewegungsfrequenz gearbeitet.
Beide Bereiche müssen im Schnellkrafttraining berücksichtigt werden.
Losgelöst von diesen beiden Extremen, könnte eine typische Belastungsstruktur so aussehen:

Reizintensität:	50 - 80 %
Reizdauer:	6 - 20 Wiederholungen
Reizumfang:	3 - 6 Serien
Reizdichte:	2 - 5 Min. Pause

Gezieltes Kraftausdauertraining

Reizintensität:	20 - 50 %
Reizdauer:	30 und mehr Wiederholungen
Reizumfang:	4 - 6 Serien (ohne Dauerbelastung)
Reizdichte:	30 - 90 Sekunden Pause

Hier einige trainingsmethodische Hinweise zum Krafttraining:

Methodische Hinweise

- Vor dem Beginn der eigentlichen Kraftarbeit ist für ausreichende Aufwärmung der Muskulatur zu sorgen.

- Auf eine saubere Bewegungsausführung (Technik) in der Kraftarbeit ist ständig zu achten.

- Wer das Krafttraining ganz neu in sein Programm aufnimmt, sollte zunächst mit geringeren Belastungen beginnen und noch nicht gegen hohe Widerstände arbeiten lassen.
- Im Anfangsstadium ist die Kraftarbeit besonders vielseitig zu gestalten.
- Die Pausen im Krafttraining können aktiv oder passiv gestaltet werden. Insbesondere nach höheren Belastungen (egal ob hoch an Umfang oder hoch an Intensität oder beides) sind Dehn- und Lockerungsübungen unerläßlich.
- Setze ein spezielles Krafttraining erst dann an, wenn die allgemeinen Voraussetzungen des Athleten das auch zulassen.
- Der Hauptanteil der Kraftarbeit sollte im Bereich der Kraftausdauer liegen bzw. darauf abzielen.
- Achte darauf, daß Sportler, die zu einem schnellen Dickenwachstum der Muskulatur neigen (die Veranlagungen sind sehr unterschiedlich), in diesem Bereich nicht »überzüchtet« werden. So etwas wirkt sich sehr schnell nachteilig sowohl auf die Schwimmtechnik, als auch auf die Versorgung der Muskulatur mit Sauerstoff aus. Zudem nimmt der Sportler deutlich an Gewicht zu.
- Verzichte auf ein Krafttraining mit Kindern bis etwa zum 12. Lebensjahr. Neben der Wasserarbeit sind allgemeine »körperbildende Übungen« auf Dauer wirkungsvoller und bilden eine solidere Grundlage als das frühzeitige Trainieren der »Zugmuskeln« an Land.

4.3 Die Schnelligkeit – das Schnelligkeitstraining

Unter Schnelligkeit ist die Fähigkeit zu verstehen, eine Bewegung maximal schnell durchführen zu können. Mit einer solchen Definition können wir uns als Schwimmer nicht zufriedengeben.

Maximal schnell? Jedermann kann sich vorstellen, welcher Effekt im Wasser auftritt, wenn der Versuch unternommen wird, jeden einzelnen Armzug beispielsweise **maximal schnell** durchzuführen.

Maximale Schwimmgeschwindigkeit ist eben nicht das Ergebnis eines maximal schnellen Armzuges oder auch Beinschlages, wie an anderer Stelle schon deutlich wurde.

Nun ist die motorische Eigenschaft Schnelligkeit, genauso wie die Kraft und die Ausdauer, eine komplexe Eigenschaft, die weiter zu differenzieren ist.

Verwirrungen Der »Markt« ist voll an »terminologischen Verwirrungen«. Es kursieren Bezeichnungen wie »motorische Aktionsschnelligkeit«, »motorische Reaktionsschnelligkeit«, »motorische Ablaufgeschwindigkeit«, »lokomotorische Schnelligkeit«, »Schnelligkeitsausdauer«, »Grundschnelligkeit«, »Wettkampfschnelligkeit«, »Maximalschnelligkeit«, »Schnelligkeitsvermögen«, »Schnellkraft«, »Kraftschnelligkeit«, »Allgemeine Schnelligkeit«, »spezielle Schnelligkeit«, »Sprintschnelligkeit«, »Spurtschnelligkeit«, »Beschleunigungsschnelligkeit«, »Ermüdungsschnelligkeit« und einiges mehr.

Rennverlauf Beachten wir einmal den Rennverlauf eines 100 m-Schwimmers und stellen fest, welche Arten von Schnelligkeit auftauchen.

Auf das Startkommando muß schnell reagiert werden (Reaktionsschnelligkeit), und es geht jetzt darum, sich so schnell wie möglich fortzubewegen (Fortbewegungsschnelligkeit). Die Art und Weise, wie wir uns fortzubewegen haben, ist unterschiedlich. Zuerst der Startsprung mit dem anschließenden Eintauchen und dem Übergang in die Schwimmbewegung. Auf der Bahn soll ein möglichst hohes Tempo aufrechterhalten werden, wir brauchen also auch Schnelligkeitsausdauer, vor allem zum Ende des Rennens. Bei dem Anschwimmen an die Wand darf es keinen Geschwindigkeitsverlust geben (»Anschwimmschnelligkeit«), die Wende selbst muß optimal schnell sein, und mit dem Abstoß wird neue Geschwindigkeit mitgenommen, die wieder in Schwimmbewegung nahtlos umgesetzt werden muß (Wende- und Abstoßschnelligkeit).

Bis zum Anschlag soll es keinen »Schnelligkeitsverlust« geben (Mangel an Schnelligkeitsausdauer) und der Anschlag soll maximal schnell sein.

Im Kern haben sich hierbei drei Arten von Schnelligkeit herauskristallisiert:

Drei Arten

- Reaktionsschnelligkeit (nach dem Startkommando)
- Fortbewegungsschnelligkeit (beim Startsprung, bei der Wende einschl. Anschwimmen,Drehung, Abstoß, Übergang, etc, beim Anschlag und natürlich auf der Bahn)
- Schnelligkeitsausdauer (speziell zum Ende des Rennens)

Die Reaktionsschnelligkeit spielt für den Schwimmer keine überragende Rolle, die Schnelligkeitsausdauer wird, da hier die Ausdauerkomponente (anaerobe Ausdauer) stark hineinspielt, im Kapitel »Ausdauer« behandelt.

Konzentrieren wir uns hier auf die reine Fortbewegungsschnelligkeit, die natürlich möglichst hoch sein soll. Die maximale erreichbare Fortbewegungsschnelligkeit wird auch als »Grundschnelligkeit« bezeichnet.

Eine reine Schnelligkeitsleistung hört an der Stelle auf, wo irgendwelche Ermüdungserscheinungen die Fortbewegungsschnelligkeit beeinträchtigen.

Ein hohes Maß an Fortbewegungsschnelligkeit dürfte im Schwimmen vornehmlich von diesen Faktoren abhängig sein:

Abhängigkeiten:

- Rumpf-Hebelverhältnisse
- Koordination
- Optimaler Krafteinsatz der arbeitenden Muskulatur gegen den Wasserwiderstand.
- Lage des Körpers im Wasser
- Technisches Niveau
- Schwimmrhythmus

Zum Schnelligkeitstraining

Im Schnelligkeitstraining geht es uns darum, die Fortbewegungsschnelligkeit im Wasser zu erhöhen. Die leistungslimitierenden Faktoren wurden genannt, wovon, mit Ausnahme der Rumpf-Hebelverhältnisse, alle Bereiche trainierbar sind.

Saubere Technik Gezieltes Schnelligkeitstraining ist erst dann sinnvoll, wenn sich eine saubere Schwimmtechnik gefestigt hat. »Techniktraining« ist nicht nur als Ergänzung zum Schnelligkeitstraining anzusehen, sondern eine der wesentlichen Voraussetzungen, überhaupt in allerhöchste Schwimmgeschwindigkeiten hineinzukommen. So gesehen, beschränkt sich das Schnelligkeitstraining auch nicht nur auf das Absolvieren von »Sprints« oder kurzen Strecken mit festgelegter Wiederholungszahl in maximalem Tempo, es ist vielmehr ein Bereich im Training, die sich außerordentlich vielseitig gestalten läßt.

Für ein »konventionelles« Schnelligkeitstraining gilt diese Belastungsstruktur:

Belastungen

Streckenlängen (Reizdauer) − kurz (10 - 25 m)
Pause (Reizdichte) − lang
Wiederholungszahl (Reizumfang) − gering (4 - 10)
Tempo (Reizintensität) − sehr hoch (maximal)

Solch hochintensive, kurzzeitige Belastungen mit ausreichender nachfolgender Erholungszeit sind, wenn man so will, der Kern des Schnelligkeitstrainings.

Schnell schwimmen kann man nur mit allergrößter Anstrengung. Wie wirkungsvoll eine solche Anstrengung dann ist, beste Konditionierung vorausgesetzt, wird jedoch in hohem Maße vom technischen Niveau bestimmt.

Die technischen Erfordernisse einmal außer Acht gelassen, haben wir im Schnelligkeitstraining darauf zu achten:

Achte darauf...

− Die Anteile des Schnelligkeitstrainings sind, bezogen auf den Gesamttrainingsaufwand, gering bemessen.
− Schnelligkeitsarbeit sollte das ganze Jahr Bestandteil im Training sein, nimmt jedoch vor den Hauptwettkämpfen an Umfang zu.
− Innerhalb einer Trainingseinheit (Trainingsstunde) sollte die Schnelligkeitsarbeit zu einem Zeitpunkt erfolgen, wo der Sportler nicht bereits ermüdet ist.
− Die Pause nach einem Sprint soll ausreichend bemessen sein, der Sortler darf jedoch nicht »kalt« werden. Andererseits ist vor jedem Schnelligkeitstraining für entsprechende »Aufwärmung« zu sorgen.
− Schnelligkeitstraining wird nicht nur in der Gesamtbewegung, sondern auch in der Einzelarbeit (speziell Beinarbeit) durchgeführt.
− Soll die Ausdauerkomponente in der Schnelligkeit (Schnelligkeitsdauer) nicht angesprochen werden, sind nur solche Streckenlängen und Wiederholungen anzusetzen, die keinen Geschwindigkeitsabfall bewirken.
− In das Schnelligkeitstraining hinein gehört die Schulung von Startsprung, Wende, Anschlag im maximalen Tempo genauso wie das Anschwimmen zur Wand (Wenden, Anschlag mit Einstellen der Zugzahl), sowie das Herausschwimmen aus der Wand (Abstoß mit Übergang in die Gesamtbewegung).
− Schnelligkeitstraining soll nicht nur in der Hauptschwimmart erfolgen.
− Die Reaktionsschulung sollte sich nicht nur auf das Starten mit Kommando beschränken.

Als Trainigsmittel bieten sich im Schnelligkeitstraining an:

Trainigsmittel

− Sprints in maximalem Tempo aus unterschiedlichen Situationen heraus

− Steigerungsschwimmen

− Tempowechselschwimmen

− Anschlagtraining (Finish)

− Startsprungtraining

- Wendentraining (max. Tempo)
- Reaktionsschulung
- Frequenzübungen
- Technikschulung im weitesten Sinne (Koordination, Rhythmus, Lage, Zuglänge, etc.)

Zur objektiven und vielseitigen Erfassung von Schnelligkeitsleistungen empfiehlt sich der nachstehende Test.

Ein Test
1. 10 m Sprint mit Startsprung
2. 10 m Sprint mit Abstoß von unten
3. 10 m Sprint mit Wende
4. 10 m Sprint mit Anschlag
5. 10 m Sprint »fliegend«

Zur Durchführung einige Hinweise:

Der Sprint mit Startsprung sollte nur auf »erste Bewegung« oder auf das Kommando eines Dritten erfolgen. Gestoppt wird, wenn der »erste« Körperteil die 10 m-Marke erreicht (Hand, Arm oder Kopf).

Bei dem Abstoß von unten befindet sich der Schwimmer in ruhiger Ausgangslage. Die Beine sind in Abdruckposition und das Kinn auf dem Wasser. Mit dem Untertauchen des Kopfes (erste Bewegung) läuft die Uhr. Abgestoppt wird wieder auf den »ersten« Körperteil.

Für den 10 m-Sprint mit Wende muß im Wasser ein gewisser »Anlauf« genommen werden. Die Markierung befindet sich 5 m von der Wand entfernt (5 m hin und 5 m zurück). Die Uhr läuft in dem Moment, wo der **Kopf** diese Markierung durchbricht. »Auf Kopf« wird auch wieder an derselben Stelle abgestoppt. Nur so sind alle Meßergebnisse untereinader vergleichbar.

Der 10 m-Sprint mit Anschlag sollte ebenfalls auf »Kopf durch« und mit dem Anschlag gestoppt werden.

Bei dem »fliegenden Sprint« ist wie zuvor wieder »Anlauf« zu nehmen. Kommt der Kopf in die abgesteckte 10 m-Zone, läuft die Uhr, verläßt der Kopf die 10 m Zone, wird abgestoppt.

Wichtige Details
Bei diesem Test ist jedes Detailergebnis von Bedeutung. Bei mehrfacher Wiederholung eines einzelnen Sprints wird sich bereits eine erstaunlich große Differenz feststellen lassen, die bis 25/100 Sekunden ausmacht (bei Anfängern wesentlich mehr).

Bei ungünstiger Summierung im Wettkampf können also bei diesen »Details« eine Menge «Zehntel» oder gar Sekunden (Anfänger) verlorengehen.

Setzt man die im »Test« erzielte 50 m-Zeit (Summe aus den fünf Einzelsprints) in die Relation zur bestehenden 50 m-Bestzeit, so können auch daraus interessante Rückschlüsse gezogen werden.

Jede einzelne 10 m-Strecke kann im übrigen noch weiter differenziert werden:

- Bei dem Startsprung z.B. die Zeit vom Kommando bis zum Lösen der Füße vom Block, oder die Zeit vom »Lösen« bis zum Eintauchen, usw.

31

- Bei dem Abstoß von unten die Zeit von »Kopf weg« bis »Füße von der Wand«.
- Bei der Wende die Zeit für die ersten und für die zweiten 5 m, usw.

Neben den hier aufgezeigten Trainingsmitteln und leistungslimitierenden Faktoren darf nicht außer acht gelassen werden, daß die Schnelligkeitsleistung im Verhältnis zu den anderen konditionellen Eigenschaften nicht isoliert darsteht.

Die Summe der Kilometer bzw. der zeitliche Aufwand für reines Schnelligkeitstraining ist, wie schon erwähnt, nicht sehr groß, schon gar nicht annährend so groß, wie die Entwicklung der aeroben Ausdauerleistungfähigkeit.

Gut gemischt? Das »ideale Mischungsverhältnis« hat noch keiner nachgewiesen.

Hinzu kommt, daß in der Trainingsarbeit ganz bewußt auch solche Maßnahmen angesetzt werden, die nicht ausschließlich eine einzige motorische Grundeigenschaft ansprechen.

Wirklich schnell, egal über welche Distanz, wird man auch im Schwimmsport nur im Laufe der Jahre.

Warte ab... Wer eine solche Entwicklung nicht »abwarten« kann, egal ob Aktiver, Trainer, Elternteil, Funktionär, Journalist, ist nicht selten schneller fertig als andere . . . für immer.

4.4 Die Ausdauer – das Ausdauertraining

Zentrales Unter den vier motorischen Grundeigenschaften (Kraft – Ausdauer – Schnelligkeit – Koordination), die in der »Kondition« zusammengefaßt sind, kommt der Ausdauer für den Schwimmer eine zentrale Bedeutung zu.

Auch auf der kürzesten Meisterschaftsstrecke, seit 1983 die 50 m, ist ohne ausreichende Ermüdungswiderstandsfähigkeit der Muskeln und des Organismus (den persönlichen Willen, die Motivation einmal außer acht gelassen) kein »Blumentopf« zu gewinnen.

Von der Art der Belastung, ihrer Dauer und ihrer Intensität, hängt es ab, welche Art der Ausdauer vorrangig in Anspruch genommen wird.

So wird die Ausdauer, die Fähigkeit, aufkommender Ermüdung Widerstand leisten zu können, in zwei große Bereiche unterteilt:

Zweiteilung a) a e r o b e Ausdauer
b) a n a e r o b e Ausdauer

Grob dargestellt, ist die aerobe Ausdauer eine Art »Langzeitausdauer« und die anaerobe Ausdauer eine Art »Kurzzeitausdauer«.

Diesen Unterschied schauen wir uns genauer an:

Aerobes Die aerobe Ausdauer ist dadurch gekennzeichnet, daß die während der Arbeit (Belastung) über die Atmung aufgenommene Sauerstoffmenge ausreicht, den vorhandenen Sauerstoffbedarf im Organismus abzudecken.

Während der Verbrennungsprozesse beim Stoffwechselvorgang besteht also (oder stellt sich ein) ein Gleichgewicht zwischen Sauerstoffbedarf und Sauerstoffangebot.

Dieser Zustand wird auch als »steady-state« bezeichnet. Die Qualität, das Niveau, der aeroben Ausdauerleistungsfähigkeit hängt von der »aeroben Kapazität« ab, zu der die Herzkreislaufleistung einschließlich der Atmung zählt (das Cardio-Pulmonale-System) und von der Leistung der arbeitenden Muskulatur.

Kurzum, die Sauerstoffaufnahmefähigkeit (über die Atmung) sowie die Fähigkeit, den aufgenommenen Sauerstoff in der Muskulatur zu verarbeiten, machen die aerobe Ausdauerleistungsfähigkeit aus.

Verfügt ein Schwimmer nur über eine niedrige areobe Ausdauerleistungsfähigkeit, so fehlt es ihm nicht nur an Voraussetzungen, eine mittlere und längere Strecke ohne Ermüdungserscheinungen (Temponachlaß) durchzuschwimmen, er kommt, egal welche Strecke er unter Wettkampfbedingungen schwimmt, früher in den Bereich der anaeroben Energiebereitstellung, was der Organismus nicht sehr lange aufrechterhalten kann.

Ausdauerpolster Die aerobe Ausdauer kann durchaus als »Polster« für die anaerobe Ausdauer angesehen werden.

Wem dieses »Ausdauerpolster« fehlt, der sollte auf Dauer seine Erwartungshaltung nicht zu hoch schrauben.

Schlecht »gepolstert« liegt man schlechter, auch im Wasser. Im Bereich der anaeroben Ausdauer reicht, im Gegensatz zur aeroben Ausdauer, der herbeitransportierte Sauerstoff nicht (mehr) aus, den Bedarf zu decken.

Anaerobes Es entsteht eine »Sauerstoffschuld«.
Nimmt diese Sauerstoffschuld zu wird das Blut »sauer«, es verändert seinen ph-Wert, was durch Lactatbestimmungen über Blutproben nachgewiesen werden kann. Übersäuert das Blut, kann eine Belastung nicht mehr durchgestanden werden, es fehlt an »Stehvermögen«, an der Fähigkeit, trotz Vorhandenseins einer Sauerstoffschuld, wie in unserem Falle, das Schwimmtempo aufrechtzuerhalten.

Für diesen Zweck gibt es im Blut und in der Muskulatur »Energievorräte«, die bei Vorhandensein einer Sauerstoffschuld die Energieversorgung übernehmen, sowie Substanzen, die eine auftretende »Übersäuerung« neutralisieren.

Zur Steigerung der anaeroben Ausdauerleistungsfähigkeit muß demnach die »anaerobe Kapazität« erhöht werden. Die Qualität der anaeroben Kapazität hängt von diesen Faktoren ab:

1. Niveau der Energievorräte
2. Fähigkeit, die Energievorräte bei Sauerstoffmangel zu mobilisieren
3. Fähigkeit, saure Reaktionen des Stoffwechselprozesses zu neutralisieren
4. Vermögen der Muskeln, trotz Übersäuerung zu kontrahieren

Begrenztes Die anaerobe Engergiegewinnung ist sehr aufwendig und unökonomisch. Der aufrechtzuerhaltende Zeitraum für eine solche Art der Energieversorgung ist zudem sehr begrenzt.

Es geht also, gerade für den Schwimmer, nicht nur darum, die **anaerobe** Kapazität zu steigern, um ein Rennen besser »durchstehen« zu können, sondern vor allem dafür zu sorgen, daß der Zustand der anaeroben Energiegewinnung erst sehr spät eintritt, was nur durch ein ausgedehntes **aerobes** Ausdauertraining zu realisieren ist.

Neben der Unterteilung der Ausdauer in den aeroben und den anaeroben Bereich, erfolgt eine weitere Differenzierung in

Weitere Unterteilungen

a) allgemeine Ausdauer
b) lokale Ausdauer

Von allgemeiner (Muskel-) Ausdauer wird gesprochen, wenn am Bewegungsablauf mehr als 1/6 bis 1/7 der Gesamtmuskulatur beteiligt ist.

Bei der lokalen (Muskel-) Ausdauer liegt dieser Anteil entsprechend darunter.

Es wird weiter unterschieden zwischen der statischen (Muskel-) Ausdauer (Haltearbeit, ohne Ausführung von Bewegung) und der dynamischen (Muskel-) Ausdauer (mit Ausführung von Bewegungen).

Im Schwimmsport haben wir es nur mit der dynamischen Ausdauer zu tun, sieht man einmal von dem kurzen Moment ab, wo der Sportler im Startvorgang seine »Ausgangsstellung einnimmt und in einer gewissen Vorspannung auf den Startschuß wartet.

Schematisch läßt sich die »Ausdauer« nach den hier gemachten Ausführungen so darstellen:

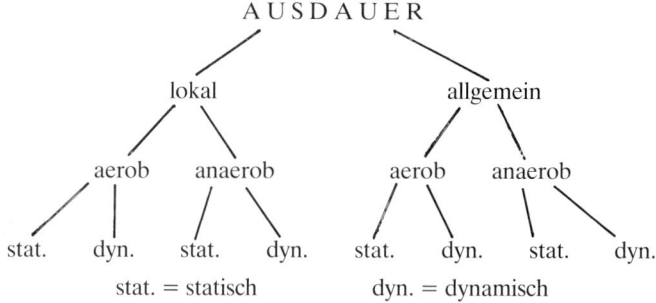

Im Ausdauertraining des Schwimmers dominiert die Entwicklung, um es exakt auszudrücken (siehe Schema), der allgemeinen aeroben dynamischen Ausdauer.

Je nach zeitlicher Dauer der zu erbringenden Ausdauerleistungen wird noch einmal unterschieden in

– Kurzzeitausdauer (20 Sek. - 1 Min. nach Keul)
– Mittelzeitausdauer (1 Min. - 8 Min. nach Keul)
– Langzeitausdauer (über 8 Min nach Keul)

Bei den hier genannten Ausdauerformen liegt ein unterschiedliches prozentuales »Mischungsverhältnis« von aerober und anaerober Arbeitsweise vor.

Je länger eine Ausdauerleistung zu erbringen ist, um so mehr dominiert die aerobe Arbeitsweise.

Ist die Ausdauerleistung nur von kurzer Dauer (bei hoher Intensität), so kommt der anaeroben Ausdauerleistungsfähigkeit eine größerer Bedeutung zu.

Das Ausdauertraining

Im Kern sind es drei Trainingsmethoden, die im Ausdauertraining Anwendung finden:

Drei
Hauptmethoden
- Dauermethode
- Intervallmethode
- Wiederholungsmethode

Die Dauermethode und die Intervallmethode sind einsetzbar zur Entwicklung der aeroben Ausdauerleistungsfähigkeit.

Die Wiederholungsmethode und teils auch die Intervallmethode ist anwendbar zur gezielten Steigerung der anaeroben Ausdauerleistungsfähigkeit.

Zu den einzelnen Methoden:

Die Dauermethode

Die Dauermethode wird ausschließlich eingesetzt zur Verbesserung der aeroben Ausdauerleistungsfähigkeit.

Bei Anwendung dieser Methode wird eine lang andauernde Belastung gewählt (z.b. Langstreckenschwimmen), bei der die Energiegewinnung überwiegend aerob erfolgt.

Im Regelfall wird in der Trainingspraxis auch bei Belastungen dieser Art im Verhältnis zur Streckenlänge (Belastungsdauer) eine hohe Intensität (hohe Geschwindigkeit) angestrebt. Die Streckenlänge dürfte zwischen 500 und 4000 m liegen.

Grenzwert
Nach Untersuchungen von Hollmann liegt die unterste Belastungsgrenze zur Verbesserung der aeroben Ausdauer nach der Dauerbelastungsmethode bei einer Reizdauer von mindestens 3 Min. Die Intensität muß mindestens 50 % der maximalen Kreislaufbelastbarkeit ausmachen, und es muß mehr als 1/6 bis 1/7 der Gesamtmuskulatur eingesetzt werden. Eine solche Belastungsstufe ist etwa mit dem neu aufgetauchten Begriff »Trimming 130« zu vergleichen. Im Leistungstraining wird höher und natürlich auch länger als an »der untersten Grenze« belastet.

Es sollte jedoch nicht außer acht gelassen werden, daß innerhalb des Ausdauertrainings auch Belastungen auf diesem Niveau sehr sinnvoll sein können, wenn sie in das Gesamtkonzept hineinpassen.

Die Dauermethode, bei der die Belastungsintensität (Schwimmgeschwindigkeit) im Normalfall konstant ist, läßt sich durch vorgegebene Tempowechsel innerhalb der zu schwimmenden Stecke vielfältig variieren. Die Dauermethode kann demnach differenziert werden in **kontinuierliche Dauermethode** und **Dauermethode mit variabler Intensität.**

Die Intervall-Methode

Das Intervalltraining

Eine Vielfalt an Variationsmöglichkeiten bietet das Intervalltraining. Bei einem Training mit Intervallen legen wir nicht nur die Länge (und die Gestaltung) der Pausen fest, sondern auch die Länge der zu schwimmenden Strecke, die Geschwindigkeit und die Anzahl der Wiederholungen. Es stellen sich also jedesmal bei der Festlegung einer Intervallserie (Serie mit Pausen) diese Fragen:

1. Wieviel Wiederholungen?   (Reizumfang)   z. B. 15 x
2. Welche Streckenlänge?   (Reizdauer)   z. B. 100 m
3. Welches Tempo?   (Reizintens.)   z. B. 1 : 20
4. Wie lang die Pause?   (Reizdichte)   z. B. 20 Sek.

Bei dem hier gegebenen Beispiel wären jetzt 15 x 100 m, alle in 1 : 20 Min. mit 20 Sekunden Pause (Start ca. 1 : 40) zu schwimmen.

Das Intervalltraining läßt sich gliedern in

Gliederung

– Kurzzeitintervalltraining
– Mittelzeitintervalltraining
– Langzeitintervalltraining

Im Kurzzeitintervalltraining dauert jede einzelne Belastung ca. 20 - 60 Sekunden, im Mittelzeitintervalltraining 1 Min. - 8 Min. und im Langzeitintervalltraining länger als 8 Min.

Je nach Intensität der einzelnen Belastung und der Anzahl der Wiederholungen wird weiter unterschieden in

– intensives Intervalltraining und
– extensives Intervalltraining.

Im intensiven Intervalltraining wird eine höhere Geschwindigkeit festgelegt, demzufolge wird die Pause länger und die Wiederholungszahl geringer. Im extensiven Intervalltraining ist die Intensität (Geschwindigkeit) niedriger, die Wiederholungszahl höher und die Pause kürzer.

Mit dem extensiven Intervalltraining wird immer gezielt die Verbesserung der aeroben Ausdauer angestrebt. Mittels des intensiven Intervalltrainings läßt sich die aerobe und die anaerobe Ausdauer verbessern, letztere insbesondere im Bereich des Kurzzeitintervalltrainings. Je nach Festlegung der variablen Belastungsfaktoren (Reizintensität, Reizdauer, Reizdichte, Reizumfang) kann die Wirkungsweise des Intervalltrainings bestimmt werden.

Hier einige typische Beispiele für ein extensives Intervalltraining zur Verbesserung der aeroben Ausdauer:

Typisches

Reizdauer	Reizumfang	Reizdichte	Trainingsmethode
50 m	16 – 40 x	10 – 20 Sek.	Kurzzeitintervalltraining
100 m	8 – 20 x	10 – 30 Sek.	Kurzzeitintervalltraining
200 m	5 – 10 x	20 – 40 Sek.	Mittelzeitintervalltraining
400 m	3 – 8 x	30 – 60 Sek.	Mittelzeitintervalltraining
800 m	3 – 6 x	60 – 90 Sek.	Langzeitintervalltraining
1500 m	2 – 4 x	60 – 120 Sek.	Langzeitintervalltraining

Die folgenden Beispiele können dem intensiven Intervalltraining zugeordnet werden. Die Wirkungsweise liegt sowohl im aeroben als auch im anaeroben Bereich:

Reizdauer	Reizumfang	Reizdichte	Trainingsmethode
25 m	8 – 20 x	20 – 30 Sek.	Kurzzeitintervalltraining
50 m	6 – 16 x	30 – 60 Sek.	Kurzzeitintervalltraining
100 m	4 – 8 x	30 – 90 Sek.	Kurzzeitintervalltraining
200 m	3 – 5 x	60 – 120" Sek	Mittelzeitintervalltraining
400 m	2 – 4 x	90" – 3 Min.	Mittelzeitintervalltraining

Bei den Beispielen zum intensiven Intervalltraining soll verteilt auf die gesamte Serie eine hohe Schwimmgeschwindigkeit erzielt werden. Auch im intensiven Intervalltraining gewinnt mit zunehmender Streckenlänge und Wiederholungszahl die aerobe Energiebereitstellung eine größere Bedeutung.

Die Wiederholungsmethode

Die Wiederholungsmethode ist eine spezielle Methode zur Verbesserung der anaeroben Ausdauer und basiert auf dem Intervallprinzip.

Die zu schwimmende Strecke (Reizdauer) geht nicht über die Länge der Wettkampfstrecke hinaus.

Die Schwimmgeschwindigkeit (Reizintensität) ist so hoch wie möglich (maximal).

Die Wiederholungszahl (Reizumfang) ist gering.
Die Pause (Reizdichte) ist sehr lang. Vor der nächsten Belastung soll eine fast vollständige Wiederherstellung erfolgen.

Die Pausengestaltung kann gerade hier auch aktiv erfolgen (Lockerungsübungen, leichtes Schwimmen, etc.)

Hier ein konkretes Trainingsbeispiel:

Konkret

Reizdauer	Reizumfang	Reizdichte	Reizintensität
100 m	5 x	10 Min.	maximal
	oder		
50 m	8 x	5 Min.	maximal

Prinzipiell kann diese Methode auch im aeroben Ausdauertraining eingesetzt werden, so etwa für 3 x 1500 m mit 15 Min. Pause und jedesmal maximaler Geschwindigkeit.

Solche oder ähnliche Maßnahmen werden jedoch selten angesetzt, da in diesem Bereich andere Aufgaben zumeist wirkungvoller sind.

Weitere Ausdauertrainingsmethoden

Zu den bereits genannten Trainingsmethoden können im Ausdauertraining noch weitere Methoden und Trainingsmittel angesetzt werden.

Da wären zu nennen:

Das Atemmangeltraining

Das Atemmangeltraining kann prinzipiell mit allen Trainingsmethoden verbunden werden.

Es wird angesetzt, um die anaerobe Komponente stärker zu betonen, indem ein veränderter Atemrhythmus vorgegeben wird.

Innerhalb einer Serie könnte das z.b. konstant der 5er-Zug beim Kraulschwimmen sein.

Es können aber auch einige »25er« oder »50er« ganz ohne Einatmung und dann auch noch in unterschiedlichen Tempobereichen geschwommen werden. Da läßt sich so manches »zusammenmischen«.
Es sollte aber darauf geachtet werden, daß der Anteil solcher Aufgaben keinen zu großen Raum einnimmt, es ist nicht ganz ohne Risiken, gerade dann, wenn aus Atemmangelübungen Tauchübungen werden, die sehr dosiert durchaus sinnvoll sind.

Das »Unterbrochene Schwimmen«

Beim »Unterbrochenen Schwimmen« wird die Wettkampfstrecke (oder eine andere) in Teilstrecken aufgeteilt. Die Pause zwischen den Teilstrecken bleibt recht kurz.

Es geht darum, mittels dieser Unterteilung die bestehende Bestzeit auf der jeweiligen Strecke zu erreichen oder zu unterbieten.

Gerade zu Teststrecken (falls gewünscht) ist diese Methode wirkungsvoll einzusetzen, da gleichzeitig die Renneinteilung geübt und noch vorhandene Schwächen erkannt werden können.
Nach der Wiederholungmethode können natürlich auch mehrere »Unterbrochene« mit entsprechend langer Pause in eine kleine Serie »eingepackt« werden.

Schwimmen mit Hilfsmitteln

Soll im Ausdauertraining die mukuläre Komponente der arbeitenden Muskulatur stärker betont werden, so lassen sich spezielle Hilfsmittel einsetzen.

Neben den Schwimmbrettern und den Pullbuoys, die vornehmlich eine technisch saubere Ausführung der Bein- bzw. Armarbeit erleichtern sollen, sind diese Dinge gebräuchlich:

- **Widerstandsbretter (Aquatrainer)**
- **Schleppringe**
- **Paddles**
- **Schwimmflossen**
- **Handgewichte**
- **Widerstands-Gürtel**

Das sogenannte »Aqua Gym« besteht aus einem besonders elastischen Latex-Schlauch, der einerseits am Beckenrand und andererseits am Brust-Schulter-Gurt des Schwimmers befestigt wird. Gegen den Widerstand des Latex-schlauches wird praktisch »Krafttraining im Wasser« durchge-führt. Auch Paddles, Schleppringe, Wider-standshosen und -gürtel dienen diesem Zweck.

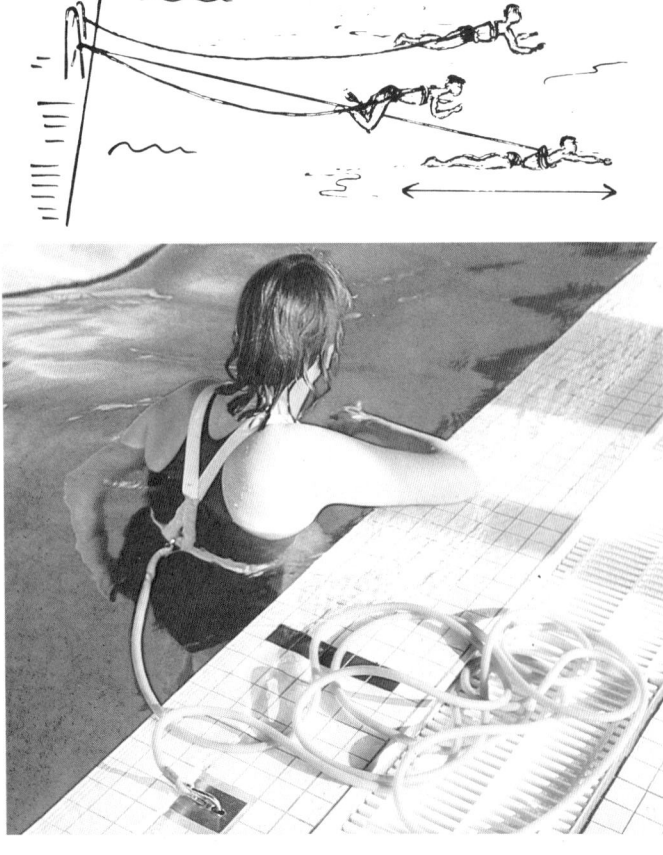

- **Zugseil**
- **Schläuche**
- **Aqua-Gym**

Manche Aktive bevorzugen dastragen von mehreren Schwimmhosen oder Schwimmanzügen, andere tragen gelegentlich T-Shirts oder Strumpfhosen im Wasser. Das kann man alles machen. Zumeist sehr schnell wird sich herausstellen, was ausschließlich der Abwechslung dient (nicht zu unterschätzen!) und was auf Dauer eine sinnvolle Ergänzung ist.

Hier noch einige weitere trainingsmethodische Grundsätze zum Ausdauertraining:

Grundsätze

- Nutze die mögliche Vielfalt im Ausdauertraining aus, vor allem bei jüngeren Aktiven.

- Stelle die Entwicklung der aeroben Ausdauer ganz oben an.

- Lasse jedem Ausdauerschwerpunkt in einer Trainingsstunde einige Lokkerungs- oder andere »auflockernde« Übungen folgen.

- Sorge nach einem besonders intensiven Abschnitt gezielten anaeroben Ausdauertrainings für ausreichende Erholung.

- Arbeite darauf hin, daß im Ausdauertraining alle Serien möglichst progressiv geschwommen werden. Das gilt auch für einzelne Strecken innerhalb einer Serie.

- Versuche, auch für das Langstreckenschwimmen bei den Aktiven eine Motivationsgrundlage zu schaffen.

- Verdeutliche die Fortschritte (ggf. auch Schwächen) im Ausdauertraining.

- Plaziere die besonderen Ausdauerschwerpunkte innerhalb einer Trainingsstunde nicht immer an derselben Stelle.

Zusammenstellung der Trainingsmittel zur Verbesserung der aeroben Ausdauer:

- **Dauerbelastungsmethode**
kontinuierlich oder variierend

- **Intervallmethode**
Kurzzeitintervalltraining (nach dem Prinzip des extensiven Intervalltrainings)
Mittelzeitintervalltraining (nach d. Prinzip des extensiven Intervalltrainings)
Langzeitintervalltraining (nach dem Prinzip des extensiven Intervalltrainings)

Zusammenstellung der Trainingsmittel zur Verbesserung der anaeroben Ausdauer:

Kurzzeitintervalltraining (nach dem Prinzip des intensiven Intervalltrainings)
Atemmangeltraining
Tauchübungen (auch Tauchspiele)
Unterbrochenes Schwimmen
Wiederholungsmethode

Durch eine »Mischung« der hier aufgezählten Methoden läßt sich sowohl die aerobe als auch die anaerobe Ausdauer in einem »Arbeitsgang« mit unterschiedlichen Gewichtungen trainieren.

5. Die Landarbeit für Schwimmer(innen)

Eine Einheit   Die Landarbeit für Schwimmer ist nicht nur als Ergänzung zur Wasserarbeit anzusehen, sie stellt vielmehr eine Einheit dar.

Zugegebenermaßen sind schon Athleten in sehr hohe Leistungsbereiche eingedrungen, ohne jemals die geringste zielgerichtete Landarbeit absolviert zu haben.

Nun sollte niemand glauben, er habe in seiner Trainingsgruppe nur solche „Ausnahmeathleten".

Sehr häufig liegt bei diesen seltenen Fällen zudem ein unverhältnismäßig hoher Aufwand an Wasserarbeit der erbrachten Leistung zugrunde.

Zur Landarbeit für Schwimmer gehören:

Gymnastik

In ein Gymnastikprogramm gehört die

- Kräftigung,
- Dehnung,
- Lockerung und
- Beweglichmachung

der Muskulatur bzw. Gelenke.

Offene Wünsche   Immer mehr ist festzustellen, daß die allgemeine gymnastische Durchbildung manche Wünsche offen läßt.

Hier scheint auch und insbesondere an den Schulen ein erheblicher Nachholbedarf zu bestehen.

Wo solche Schwächen vorhanden sind (leider zu oft), müssen erst einmal »Schularbeiten« gemacht werden.

Ohne allgemeine Ausbildung ist im weiteren Verlauf nur ein geringerer Effekt zu erwarten.

Erst nach einer soliden »Grundausbildung« ist an eine speziellere Gymnastik zu denken, die ihren Schwerpunkt in jedem der vier genannten Teilbereiche haben kann.

Die Auswahl der gymnastischen Übungen wird davon abhängen, was sonst noch an Landarbeit durchgeführt wird.

Obligatorisch über das ganze Jahr sind Lockerungs- und Dehnungsübungen sowie die Erhaltung und (oder) Verbesserung der Beweglichkeit.

Auch in den »kräftigenden Teilen« der Landarbeit sollte eigentlich nie auf gymnastische Übungen verzichtet werden.

Krafttraining

Das Spektrum der motorischen Grundeigenschaft »Kraft« wurde an anderer Stelle kurz angesprochen.

Nach einer »Allgemeinkräftigung«, die durchaus im Rahmen der Gymnastik erarbeitet werden kann, erhält das Krafttraining einen speziellen Charakter.

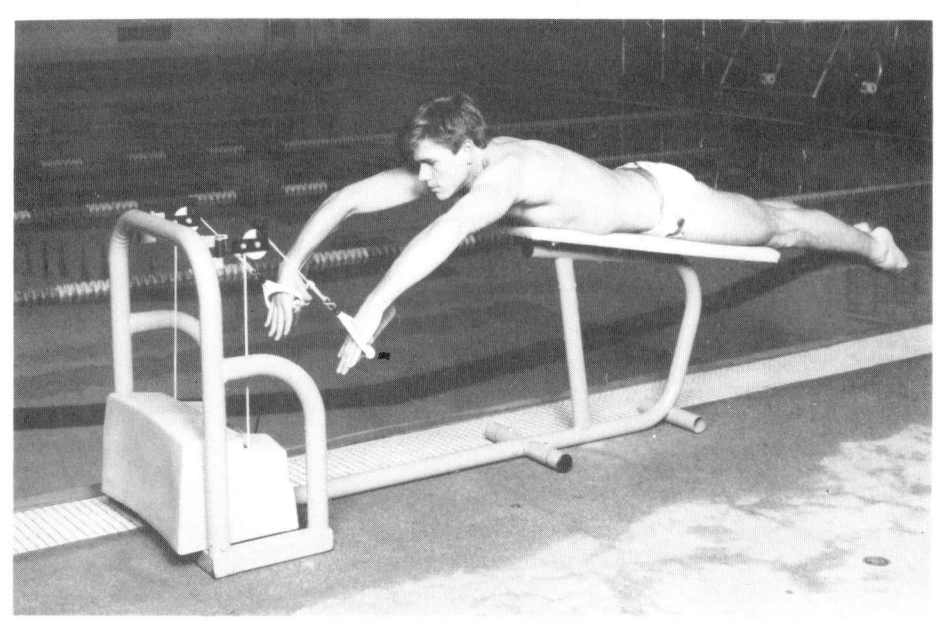

Krafttraining im Schwimmsport muß schwimm-spezifisch sein: die Bewegungen der Arme werden möglichst genauso exakt auf der Schwimmbank ausgeführt wie im Wasser. Sogar das Bewegungstempo muß dem im Wasser entsprechen.

Es ist vorrangig die Eigenschaft zu verbessern, eine bestimmte Kraftleistung, das Überwinden vorhandener Widerstände, möglichst lange (entsprechend der Wettkampfstrecke) ohne aufkommende Ermüdung aufrechterhalten zu können. Also, Steigerung der Kraftausdauer. Nun ist das Niveau der Kraftausdauer auch von der Grundkraft und der Schnellkraft abhängig, so daß auch typische Belastungen dieser Art mit einbezogen werden können.

Als Hilfsmittel im Krafttraining können wir einsetzen:

Hilfsmittel

– **Zuggeräte wie**	– **Mini-Gym**
	– **Zugseil**
	– **Collcraft**
	– **Rollbank**
	– **Biokinetic-Bank**

– **Hanteln**

– **geeignete »Kraftmaschinen«**

– **das Eigengewicht**

– **einen Trainingspartner**

Die beiden letztengenannten »Hilfsmittel« sind kostenlos. Gerade in der »Kraftgymnastik« läßt sich damit sehr vielseitig aber auch sehr speziell arbeiten.

Bei den Zuggeräten sichert nicht nur der teuerste »Schlitten« deutliche Leistungsfortschritte, auch das einfache Zugseil leistet (nach wie vor), richtig eingesetzt, sehr wertvolle Dienste.

Ideal ist es natürlich, wenn mehrere Zuggeräte kombiniert eingesetzt werden können.

Hanteln gehören nach meiner Überzeugung nur in die Hände (wenn überhaupt) sehr fortgeschrittener Athleten.
Ein Schwimmkind an der Hantel, warum?!

»Geeignete Kraftmaschinen« gibt es sicherlich unterschiedlichster Art, auch für die Schwimmer.

Die Diskussion über die Einsetzbarkeit ist zumeist nach einer Preisanfrage beendet.

Offene Fragen   Mit **einer** »Maschine« ist es zudem noch lange nicht getan. Wie oft kommt in einem solchen Fall ein einzelner Athlet an dieses Gerät? Welcher Trainingseffekt ist zu erwarten? Ich lasse es einfach offen...

Waldläufe

Ausgedehnte Waldläufe sind eine sehr wirkungsvolle Maßnahme, die allgemeine Ausdauerleistungsfähigkeit zu steigern.

Hier findet eigentlich ausschließlich die Dauermethode Anwendung. Ein solcher Lauf sollte zwischen 30 - 60 Min. liegen

Dauerläufe bewirken einen stärkeren Reiz auf das Dickenwachstum des Herzmuskels. Die Kreislaufleistungsfähigkeit erhöht sich also schneller als durch Langstreckenschwimmen, wenngleich die Waldläufe solche Maßnahmen nicht ganz ersetzen können.

Ein besonders positiver Effekt des Waldlaufes liegt zudem in dem erhöhten Sauerstoffumsatz, den der belaubte Wald uns gratis dazugibt.

Waldläufe passen im Rahmen einer Saison oder Jahresplanung am besten in die Aufbauperiode bis in die Vorbereitungsperiode hinein.

In einer Woche können zwei bis drei solcher Läufe absolviert werden.

Skilanglauf

Der Skilanglauf ist inzwischen für viele Schwimmer ein bevorzugten Mittel zur Erhaltung, Erfrischung oder auch zum Aufbau der Kondition im Bereich Ausdauer geworden.

Gerade um die Jahreswende bietet sich eine solche Betätigung (wo möglich) an.

Spielformen

Spielformen verschiedener Art sind nicht nur eine willkommene Abwechslung – seien es die großen Ballspiele (Fußball, Volleyball, Baskettball, usw.) oder abgewandelte und ganz andere Formen: je jünger die Sportler, um so ausgeprägter der Spieltrieb.

Für diesen Zweck muß auch gar nicht unbedingt die zumeist knappe Zeit für die Wasserarbeit »geopfert« werden, man kann es natürlich auch zusätzlich anbieten.

Der Aufwand ist dann unbestritten größer, aber gut angelegt.

Gerade die Übergangsperiode ist eine günstige Zeit für sportliche Betätigung dieser Art.

Einige methodische Hinweise für die Landarbeit der Schwimmer

- Die Landarbeit kann unmittelbar vor, aber auch nach der Wasserarbeit erfolgen.
- Irgendeine Form von Landarbeit sollte täglich zum Programm gehören.
- Umfang und Intensität der Landarbeit muß auf die Wasserarbeit abgestimmt sein (und umgekehrt).
- Belastungen gegen höhere Widerstände im Krafttraining sollen nicht täglich erfolgen (etwa an drei Tagen in der Woche).
- Ein Abschnitt an Land sollte nicht länger als 60 Min. dauern, sofern noch Wasserarbeit folgt oder vorausgegangen ist.
- Nach jedem »Landabschnitt« sollte eine möglichst heiße Dusche genommen werden (3 Min. genügen).
- Achte zu Beginn einer neuen Saison darauf, daß die Aktiven nicht gleich in eine sehr hohe oder langandauernde Übersäuerung kommen.
- Baue Deine Landarbeit systematisch langfristig auf. In einem Jahr ist auch hier nicht »alles« zu schaffen.

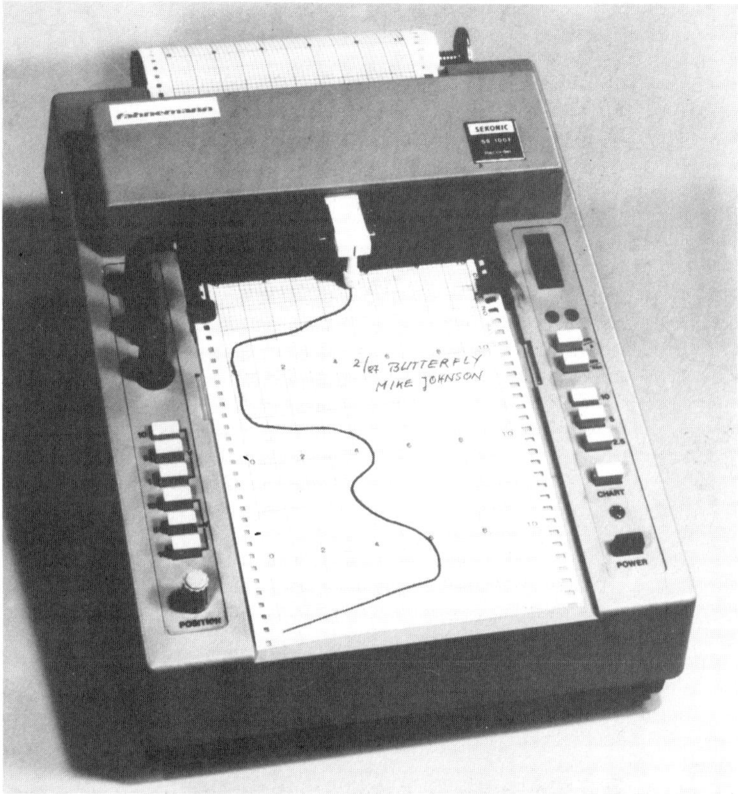

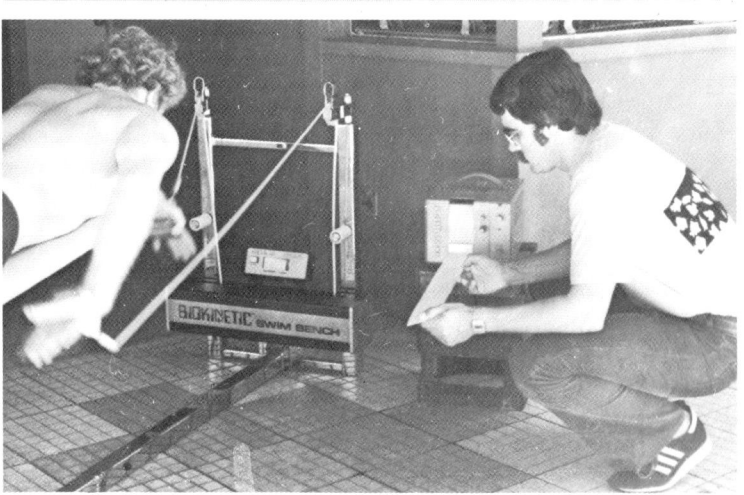

Das anspruchvollste Krafttrainingsgerät ist die Biokinetic-Schwimmbank. Der angeschlossene Schreiber kann die Kurven des Kraftverlaufs jeder Bewegung aufzeichnen. Schwachstellen werden so »schwarz auf weiß« sichtbar und können »wegtrainiert« werden.

6. Die Trainingsstufen

Ein Gesamttrainingsprozeß, der letztlich immer die Realisierung der individuellen höchstmöglichen Leistung anstrebt, wird in drei Stufen von jeweils mehrjähriger Dauer aufgeteilt:

Dreiteilung

1. Grundlagentraining
2. Aufbautraining
3. (Hoch-) Leistungstraining

Diese für alle Sportarten gültige Dreiteilung ist unumstritten.
Problematischer wird es schon bei der »idealen« Altersangabe für die einzelnen Stufen (Einstiegalter) und bei der Bestimmung der zeitlichen Dauer für die einzelnen Trainingsstufen.

Hochleistungstraining schon im Kindesalter ist im Schwimmsport keine Seltenheit mehr, und das nicht nur in einigen bekannten Schwimmzentren.

Manche solcher Beispiele schaden dem Schwimmsport letztendlich mehr, als dem Einzelnen einen (vielleicht) möglichen Vorteil zu bringen.

Das Sinken des Durchschnittsalters unserer Spitzenschwimmer(innen) geht einher mit einer immer dünner werdenden »Decke« an Kindern, die sich überhaupt noch schwimmsportlich betätigen wollen.

Gut geworben?

Gewiß, die Ursache dafür liegt nicht nur darin begründet, daß im Schwimmsport häufig schon in sehr jungen Jahren mit sehr viel Trainingsaufwand »geworben« wird, mit Sicherheit spielen diese Faktoren in diesem Zusammenhang mit hinein.

Im Schwimmsport ist es nachweislich möglich, daß 14jährige Mädchen und 15-16jährige Jungen in die absolute Weltelite vorstoßen. Der Belastbarkeit

»Spiel ohne Grenzen« (?)

sind also schon in diesem Alter (und logischerweise schon einige Jahre früher) so gut wie keine Grenzen gesetzt, jedenfalls im rein biologisch-medizinischen Sinne (siehe Definition »was ist Training?«).

Andererseits »tummeln« sich in der Weltelite einige Athleten, die um die »25« sind, ohne daß diese Aktiven im Kindesalter leistungsmäßig besonders in Erscheinung getreten sind.

Im Schwimmsport ist es also grundsätzlich möglich, durch ein sehr früh angesetztes, intensives und umfangreiches Training schon in sehr jungen Jahren bis in höchste Leistungsbereiche einzudringen.
Ein solches »Vorhaben« kann jedoch auch über viele Jahre »gestreckt« werden, der Aufbau kann durchaus behutsamer sein, auch altersgemäßer, wie es immer so schön heißt. Der Trainingsaufwand kann und sollte in jungen Jahren so gestaltet sein, daß auch noch Freiraum für andere Interessen und Aktivitäten bleibt.

Ein solcher Aufbau ist nicht nur vielseitiger und abwechslungsreicher, er bietet dem Sportler auch mehr vom Sport an sich.

Der Reifungsprozeß

Auch der sportliche Reifungsprozeß im weitesten Sinne braucht seine Zeit. Er sollte nicht der übrigen, normalen Entwicklung eines Menschen davonoder vorauslaufen. Doch das ist Auffassungssache.

Die unterschiedlichen Auffassungen hierzu bestimmen auch die »Verweildauer« in den angeführten klassischen Trainingsstufen sowie das jeweilige Eintrittsalter, besonders in dem Bereich des Hochleistungstrainings. Aus diesem Grunde möchte ich hier auf Altersangaben verzichten.

Erfahrungswerte Wer »nach oben« will, der muß sehr viel dafür tun – und das nicht nur in der unmittelbaren Trainingsarbeit. Nach meinen persönlichen Erfahrungswerten, die ich belegen kann, muß ein Schwimmsportler 2500 – 4000 Trainingsstunden über viele Trainingsjahre verteilen, bis er zur absoluten nationalen Spitze zählt oder internatinalen Anschluß findet.

Faktoren wie Talent, Trainingsmöglichkeiten, Qualität der Arbeit, Unterstützung in der Familie und an anderen Stellen spielen hier u. a. stark hinein.

Gesundes Verhältnis Ein entscheidender Faktor ist immer, daß der eingesetzte Aufwand für das Training in einem gesunden Verhältnis zur erbrachten Leistung steht.

Übersteigt der individuelle Trainingsaufwand den durchschnittlichen Aufwand der vergleichbaren, sprich gleichstarken Konkurrenz, sollte schnell ein Denkprozeß einsetzen und nach anderen Wegen gesucht werden.

Leicht oder schwer? Wer diese Zusammenhänge nicht sieht, macht es sich zu leicht oder aber eben auch zu schwer.

Zu schwer, wer sich immer nur am augenblicklich schnellsten Schwimmer orientiert, was besonders bei den jüngeren und jüngsten Jahrgangsschwimmern (oder deren Eltern) zu beobachten ist, ohne dabei den Gesamtaufwand der Konkurrenz und den eigenen entsprechend zu berücksichtigen, von den zeitlich unterschiedlich verlaufenden köperlichen Entwicklungsprozessen der Heranwachsenden ganz zu schweigen.

Immer hinten? Wer sich in einem gewissen Zeitraum sportlich langsamer entwickelt als einige Konkurrenten, muß noch lange nicht derjenige sein, der immer »hinten« bleibt.

Zu leicht macht es sich derjenige, der glaubt, einen einmal gewonnenen Vorsprung nun auch »sicher« zu haben.

Am unsichersten ist der »Vorsprung«, der in sehr jungen Jahren (insbesondere zwischen dem 8. bis 12. Lebensjahr) mit einem relativ hohen Trainingsaufwand erschwommen wurde.

Manches »schnelle Talent« wurde durch »Normalentwickler« eines Tages überflügelt.

Auch für einen Schwimmsportler ist es normal, daß er seinen Leistungshöhepunkt nicht in den »Entwicklungsjahren« erreicht, sondern erst dann, wenn er etwa das 20. Lebensjahr überschreitet.

Wenig Normale So gesehen haben wir im Schwimmsport, gerade bei den Damen, zu wenig »Normale«.
Dafür sind eine ganze Reihe von Umständen verantwortlich. Unumstritten existieren einige begünstigende Faktoren für ein intensives Leistungstraining gerade bei den Mädchen schon vor der Pubertät. Im rein medizinischen Sinne gibt es auch kaum Risiken, Sorgen um einen Studien-, Ausbildungs- oder Arbeitsplatz sind auch noch nicht vorhanden, ein vielseitig ausgeprägtes Freizeitinteresse ist noch nicht vorhanden oder kann (durch wen auch immer) leichter unterdrückt werden. Die Wiederholung eines Schuljahres wegen

»sportlicher Gründe« wird zwischen dem 12. und 16. Lebensjahr eher in Kauf genommen, als kurz vor dem Abitur im Studium oder in der Berufsausbildung.

Damit sind nur wenige »Faktoren« genannt, die ein Kind oder einen jungen Jugendlichen kaum tangieren und somit auch nicht belasten können.

Zudem sichert ein »hoch genug« angesetztes Leistungstraining im zitierten Zeitraum achtbare, wenn auch nicht immer optimale Resultate.

Nun zu den einzelnen Trainingsstufen:

6.1 Das Grundlagentraining

Tritt ein Athlet, gleich welchen Alters, in ein zielgerichtetes, leistungsorientiertes Training, so muß er sich als erstes die Grundlangen für die ausgewählte Sportart erarbeiten.

Im Normalfall beginnt ein Schwimmtraining, nachdem ein oder auch zwei Schwimmarten, zumindest von der Grobform her, beherrscht werden.

Auf der zuvor durchlaufenen Ausbildungsstufe, der des »Schwimmen lernens«, sollten bereits einige »Grundlagen« für ein eventuell folgendes Grundlagentraining vermittelt werden. In der Praxis können wir das leider nur sehr selten feststellen, und man kommt nicht umhin, Ausbildungsinhalte aus dem Bereich des Anfängerschwimmens nachzuholen.

Gehen wir einmal davon aus, zuvor ist alles »normal« (also gut) gelaufen und stellen uns die Frage, welche Grundlagen zum sportlichen Schwimmen zählen.

Drei Schwerpunkte

Grob vereinfacht dargestellt, haben wir in der nachstehenden Reihenfolge wohl diese Schwerpunkte zu bearbeiten:

- Verbesserung der Lage des Körpers im Wasser unter verschiedensten Bedingungen.
- Verbesserung bzw. Erlernen der vier Sportschwimmtechniken
- Steigerung der »Antriebskräfte«

Noch knapper formuliert könnte die Reihenfolge lauten:

1. Lage
2. Technik
3. Kondition

In der Praxis lassen sich diese drei Schwerpunkte auf vielfältige Art und Weise variieren, der Fantasie sind kaum Grenzen gesetzt.

Von wesentlicher Bedeutung erscheint mir die Einhaltung der Reihenfolge von Lage – Technik – Kondition.
Hierzu einige Bemerkungen.

Die Schwimmlage

Die Lage eines Schwimmers im Wasser ist nicht nur das Ergebnis von spezifischem Gewicht, Körpergröße, Hebelverhältnis oder was auch immer angeführt werden mag.

Die Lage im Wasser kann sehr gezielt geschult werden.

Diese Schulung darf sich nicht nur auf **eine** Lage beschränken (Standardform: Gleiten in der Bauchlage).

Ein guter Schwimmer muß in allen Lagen zu Hause sein, das heißt, er muß die Bauchlage, die Rückenlage, die Seitenlage und auch andere »Schräglagen« beherrschen unter Ausführung verschiedenster Bewegungsformen.

Erst mit einer sicheren und vielseitig abrufbaren Schwimmlage ist es möglich, eine saubere Schwimmtechnik zu erlernen.

Ursachen
Viele Schwimmfehler sind ursächlich darauf zurückzuführen, daß dem Aktiven keine optimale »Lage« beigebracht wurde.

Die Schwimmtechnik

Hier handelt es sich um ein komplexes Gebiet. Auf der ersten Ausbildungsstufe versteht es sich von selbst, daß die technische Ausbildung nur dann sinnvoll ist, wenn sie vielseitig erfolgt.

Zur Atmung
Ein wesentliches Element aus der Schwimmtechnik möchte ich hier hervorheben, es ist die A T M U N G.

Wie kann ein Schwimmer jemals optimal schwimmen, wenn seine Atemtechnik Fehler aufweist? Nur durch das Erlernen von Bewegungsabläufen (Techniken) automatisiert sich noch lange keine richtige Atemtechnik.

Nachdem also die Lage im Wasser stimmt, sollte als nächstes, unter ebenfalls vielseitigen Übungsbedingungen, die Atemtechnik vermittelt werden.

Der nächste Schritt heißt dann: Erlernen bzw. Verbessern der vier standardisierten Fortbewegungsmöglichkeiten im Wasser wie »Kraul«, »Rücken«, »Brust« und »Schmetterling«.

Eine Spezialisierung gibt es nicht, alle Techniken werden vermittelt.

Zur Vermittlung »schwimmerischer Techniken« zählt auch das Erlernen von Startsprung, Wende, Abstoß, Anschlag. Diese technischen Elemente werden leider zu oft, auch auf höchstem Niveau, vernachlässigt.

Konditionstraining

Im Rahmen des Konditionstrainings wird der Schwimmer in die Lage versetzt, seine Schwimmgeschwindigkeit durch Steigerung von Kraft, Schnelligkeit und Ausdauer zu erhöhen und länger aufrechtzuerhalten, was ich zuvor als »Steigerung der Antriebskräfte« sehr frei formuliert habe.

**Zuerst
Technik!**
Es sollte einsichtig sein, daß auf der Ebene des Grundlagentrainings zuerst die technischen Voraussetzungen für ein allgemeines Konditionstraining erarbeitet werden müssen. Dennoch ist zu oft zu beobachten, daß immer wieder der Versuch unternommen wird, über ein sehr früh angesetztes, manchmal auch noch einseitiges Konditionstraining, die Schwimmtechnik »von alleine« zu verbessern oder gar zu erlernen.

Der Neuling
Es ist kein Einzelfall, daß ein »ganz Neuer« bei seinem ersten Vereinstraining aufgefordert wird, sich erst einmal 400 m Kraul »einzuschwimmen«, auch wenn er zuvor noch nie einen Kraularmzug absolviert hat.

Manch einer »beißt sich irgendwie durch« und schwimmt auch bald passabel. Durch diesen methodischen Schwachsinn wird er sich auch keine Verletzung holen oder gar ertrinken. In vielen anderen Sportarten wäre ein ähnliches Vorgehen mehr als kriminell. Man stelle sich vor, ein Turnlehrer fordert von einem Neuling zum »Warmturnen« 20 Riesenfelgen am Reck. Der »Durchbeißer« schaut sich also an wie das geht, macht es nach, stürzt bei dem ersten Versuch vom Reck und bricht sich das Genick.

Gut, der Vergleich hinkt ein wenig, doch im Prinzip sehe ich keinen Unterschied. Der Turnlehrer würde allerdings wegen unterlassener Hilfestellung oder Fahrlässigkeit mit dem Staatsanwalt zu tun bekommen.

Im Schwimmsport leben wir nicht so gefährlich.
Zürück zum Normalfall. Das technische Rüstzeug ist vorhanden, die Kondition soll erworben bzw. gesteigert werden.

Vorrangiges Ziel

Vorrangiges Ziel im Bereich des Konditionstrainings ist die Verbesserung der allgemeinen Ausdauerleistungsfähigkeit.

Schwimmen ist eine Ausdauersportart, und es gilt, die aerobe Kapazität im Sinne einer Verbesserung der Herz-Kreislaufleistung zu steigern.

Auch ein Ausdauertraining für Kinder kann und muß sehr abwechslungsreich gestaltet sein und läßt sich mit anderen Zielsetzungen im Grundlagentraining durchaus verbinden. Die Entwicklung der motorischen Grundeigenschaften wie Kraft und Schnelligkeit ist ebenfalls Bestandteil in der Trainingsarbeit, nimmt jedoch zunächst nur einen kleinen Raum ein und läßt sich am besten in diverse Spielformen »verpacken«.

Wer seine Aktiven in dieser Ausbildungsstufe schon vorrangig auf »Schnelligkeit trimmt«, hat nicht selten gute Anfangserfolge, die jedoch bald mit steigendem Leistungsniveau verfliegen.

»Schnell schnell«

Die Versuche, möglichst schnell schnell zu werden, wird es immer geben, es ist eigentlich auch ein ganz normales Streben.

Wer seine Aktiven wirklich weiterführen möchte, achtet nicht nur darauf, was sie (die Athleten) in ein oder zwei Jahren maximal erreichen können, sondern was sie **überhaupt** maximal erreichen können.

Dafür müssen solide Grundlagen gelegt werden. An eine Spezialisierung auf eine bestimmte Schwimmart oder Schwimmstrecke ist noch gar nicht zu denken.
Eine ergänzende Landarbeit ist dann sinnvoll, wenn auch hier sehr vielseitig trainiert wird. Es geht jetzt noch nicht darum, ganz gezielt die »Zugmuskulatur« anzusprechen.

Breites Spektrum

Eine allgemeinbildende Gymnastik ist viel wertvoller, wie überhaupt auch an Land ein breites Spektrum an Bewegungserfahrung gesammelt werden soll, wozu sich wiederum einige Spielformen besonders anbieten.

Zum festen Bestandteil der Trainingsarbeit im Grundlagentraining zählt auch die intellektuelle Schulung.
Hierzu gehört nicht nur das Vermitteln von Wettkampfregeln oder taktischer Verhaltensweisen. Die Aktiven sollten von Beginn an zu einer sportlichen Handlungsweise im weitesten Sinne erzogen werden.
So kommt der psychologischen und pädagogischen Betreuung eine besondere Bedeutung zu.

Begeisterung schaffen

Mit welcher Gewichtung im Einzelnen im Grundlagentraining die »Programme« (nicht nur Trainingsprogrammme) auch angeboten werden: wem es nicht gelingt, gerade hier eine Begeisterung für den Schwimmsport zu schaffen, der wird nie ganz froh und macht logischerweise damit die Sportler kaum ganz froh.

Bei aller methodischer Freude an der Sache ist das alles nicht viel wert.

Zusammenfassend läßt sich das Grundlagentraining vielleicht so darstellen:

Es ist der erste Abschnitt eines langfristigen Vorbereitungsprozesses auf individuelle sportliche Höchstleistungen.

Die Grundlagen aller dafür notwendigen Fähigkeiten und Fertigkeiten müssen hier erworben werden.

Dieses Ziel wird erreicht durch eine weit gefächerte und grundsolide technische Ausbildung, durch eine allgemeine Konditionsschulung mit dem Schwerpunkt Ausdauer, sowie durch erzieherisches Einwirken auf den Sportler.

6.2 Das Aufbautraining

Nachdem im Grundlagentraining eine breite Basis für die weitere sportliche Entwicklung erarbeitet wurde, geht es nun darum, das Leistungsniveau weiter aufzubauen.

Von überragender Bedeutung ist auch hier, nach wie vor, die besondere Pflege und Schulung sämtlicher schwimmtechnischer Fähigkeiten und Fertigkeiten.

Die Auswahl der Übungsformen kann und sollte nun noch vielseitiger und auch anspruchsvoller sein.

Elementares

An den elementaren Fundamenten des Schwimmens, wie Verbesserung der Schwimmlage, Optimierung der Atemtechnik und Verfeinerung der Bewegungsabläufe (Technik), wird sehr ausgiebig gefeilt.

Der Trainingsaufwand insgesamt wird zunehmen, wie auch der Anteil der rein konditionellen Arbeit, wobei die Entwicklung der aeroben Ausdauerleistungsfähigkeit besondere Berücksichtigung findet.

Die konditionellen Teile im Rahmen der Wasserarbeit sollten nicht schwimmartspezifisch sein, sondern sich auf alle Schwimmtechniken verteilen.

Die Verbesserung der Kondition muß durchaus nicht nur in der »kompletten« Technik erarbeitet werden, auch in der Einzelarbeit kann sehr wirkungsvoll trainiert werden.

Starke Beine

Ein besonderer Schwerpunkt sollte auf die Beinarbeit gelegt werden, nicht nur weil diese für sich isoliert in dieser Ausbildungsstufe zumeist schon gut beherrscht wird, sondern auch, weil eine große Muskelmasse in Anspruch genommen wird, also auch die »allgemeine Kondition« verbessert wird, und weil eben mit einer starken Beinarbeit die gesamte Technik wirkungsvoller eingesetzt werden kann.

Die Landarbeit sollte immer noch überwiegend allgemeinen Charakter haben. Sofern vorhanden, kann eine Einweisung an schwimmspezifischen Trainingsgeräten erfolgen. Auch die Arbeit an und mit solchen Geräten muß erst gelernt werden.
Nicht zu unterschätzen ist die weitere Schulung der Startsprünge, der Wenden, der Anschläge, Staffelwechsel, etc.

Da inzwischen auch die Häufigkeit der Wettkampfstarts zugenommen haben dürfte, ist auch das spezielle Wettkampfverhalten und die Vorbereitung darauf in den intellektuellen Schulungsprozeß einzubeziehen.
Der Wettkampf ist das Ziel des Trainings.

Gute Wettkämpfer Natürlich müssen wir großen Wert auf eine solide Trainingsarbeit seitens der Aktiven legen, wir dürfen jedoch nie außer acht lassen, daß wir nicht in erster Linie gute Trainierer, sondern gute Wettkämpfer heranbilden wollen. Auch das geht nicht von heute auf morgen.

Wir sollten also auch im Training, gerade bei den jüngeren, wettkampfähnliche Situationen schaffen, ohne uns nun gleich am »olympischen Programm« zu orientieren.

Wer Sport treibt, will sich vergleichen – und das nicht nur mit sich selbst, sondern vor allem mit den Konkurrenten und Mitstreitern, auch in der eigenen Trainingsgruppe. Es gibt genügend Möglichkeiten bei der »Wettkampfauswahl« im Training, auch dem Schwächsten »sein« Erfolgserlebnis zu vermitteln, er braucht es.

6.3 Das Hochleistungstraining

Bei der schematischen und klassischen Dreiteilung eines gesamten Trainingsaufbaues (welch grobe Vereinfachung eines langen Weges), handelt es sich im Hochleistungstraining um die Stufe, in der es darum geht, die individuell höchstmögliche Leistung zu realisieren.
Wer sich dem **Hoch**leistungstraining zuwendet, strebt das nationale oder gar internationale Leistungsniveau an. Man mißt sich an der absolut höchstmöglichen Leistung. Solche Vergleiche sollten nicht zu früh angestellt werden. Nicht jeder Leistungssportler kommt in einen nationalen Endlauf oder gar zu internationalen Meisterschaften.

Überhaupt läßt sich der Begriff »Leistungssportler« oder auch »Hochleistungssportler« sehr weit auslegen.

Halten wir uns aus diesem »Interpretationsgerangel« heraus und konzentrieren uns darauf, was ein Sportler auf der höchsten Ausbildungsstufe zu tun hat, um sein bestmögliches Resultat zu erzielen.

»Spielräume« Wer sich zu den Topschwimmern zählt oder zählen möchte (nach entsprechendem Aufbau), schwimmt in einer Woche zwischen 30 und 100 km, er trainiert an 5 – 7 Tagen in der Woche und absolviert zwischen 5 und 18 Trainingseinheiten von Montag bis Sonntag.

Ausnahmen nach oben und auch nach unten soll es geben. Der angegebene Spielraum ist groß, und selbst die »untere Grenze« ist sehr hoch.

Hochleistungstraining macht man nicht »so nebenbei«, das geht nur mit einem 100prozentigen Engagement.

Wer weniger einsetzt, erreicht auch weniger.

Der für die Trainingspraxis einzusetzende Aufwand dagegen kann sehr unterschiedlich sein, was von einer ganzen Reihe von Faktoren abhängig ist, um nur einige zu nennen:

Abhängigkeiten

- Talent
- gesamter sportlicher Werdegang
- Alter
- Qualität der Trainingsarbeit
- Lebensweise
- Motivation
- Spezialdisziplin (z. B. 100 m oder 1500 m)
- und noch weitere.

Im Hochleistungstraining kommt es sehr darauf an, die individuellen Stärken und Schwächen eines Athleten genau zu erkennen.

Genauso konsequent, wie alle Stärken auszunutzen, einzusetzen und noch weiter zu steigern sind, gilt es, die Schwächen zu mindern und auszugleichen.

Das Training bekommt also einen sehr speziellen Charakter.

Spezielles

Die Spezialdisziplin wird gezielt trainiert, ohne daß das Training einseitig wird.

Eine spezielle Landarbeit gehört genauso in das Programm, wie die ständige Pflege einer sauberen Schwimmtechnik. Mit zunehmendem Leistungsniveau kommt auch der übrigen Lebensweise eine im sportlichen Sinne größere Bedeutung zu.

»24-Stunden-Tag«

Leistungssportler ist man nicht nur in der unmittelbaren Trainingsarbeit, die pro Tag irgendwo zwischen 2 und 5 Stunden liegen mag, Leistungssportler ist man 24 Stunden am Tag und das für 365 Tage im Jahr!
Der Aufwand pro Tag unterliegt, über das Jahr verteilt, erheblichen Schwankungen, es gibt auch »relative Ruhephasen«. Je konsequenter die Verhaltensweise in den »freien Stunden« ist, um so wirkungsvoller ist die eigentliche Trainingsarbeit, die dann auch nicht überdimensionale Formen annehmen muß, erst recht nicht, wenn der Athlet für ein engagiertes und bewußtes Leistungstraining reif ist.

Kein »Kinderkram«

Hochleistungstraining ist, um das in diesem Kapitel abschließend anzufügen, kein »Kinderkram«, sondern eine Bewährungsprobe und Herausforderung für langfristige und solide aufgebaute, erfahrene Sportler. In ein gezieltes Leistungstraining »huscht« man nicht einfach hinein, darauf bereitet man sich vor. Wer sich gut vorbereitet hat, wird auch mit einem »vernünftigen« Aufwand bemerkenswerte Leistungen erzielen.

7. Die Periodisierung des Trainings

Bei der Besprechung der Trainingsstufen (Grundlagentraining, Aufbautraining, Hochleistungstraining) haben wir den langfristigen Aufbau eines Sportlers in groben Zügen kennengelernt.

Jahresplanung

Wenn von der »Periodisierung des Trainings« die Rede ist, so wird damit der Trainingsaufbau für ein Jahr oder für eine Saison angesprochen.

Zu Beginn einer Saison oder eines neuen »Trainingsjahres« (in der Regel nach den Sommerferien) wird man sich Gedanken darüber machen, welche Ziele angesteuert werden sollen.

Aus dem Terminkalender wird deutlich, wo die »Hauptwettkämpfe« liegen, auf die sich die Vorbereitungen ausrichten.

Bis zum Ziel sind einige Stationen zu durchlaufen, auf die nicht einfach »losgestürmt« wird.

Der Weg zum Saisonhöhepunkt wird eingeteilt, periodisiert. Im Rahmen einer solchen Periodisierung hat sich folgende Unterteilung durchgesetzt:

Vier Perioden

- Aufbauperiode (mit 1 – 3 Etappen)
- Vorbereitungsperiode (mit 1 – 3 Etappen)
- Wettkampfperiode (mit 1 – 3 Etappen)
- Übergangsperiode

Je nach zeitlicher Länge der einzelnen Perioden, erfolgt eine weitere Differenzierung in 1 – 3 Etappen.

Die Anzahl der Etappen sowie die Gesamtlänge einer Periode hängen davon ab, wie oft im Trainingsjahr ein solcher vollständiger Aufbau wiederholt wird.

So wird denn auch unterschieden zwischen der

Eins, zwei, drei...

- einteiligen Saison, der
- zweiteiligen Saison und der
- dreiteiligen Saison.

Verschiedene Auffassungen

Die Auffassungen darüber, ob die einteilige, zweiteilige, dreiteilige oder eine »mehrteilige« Jahresplanung nun die wirkungsvollste sei, sollen uns hier nicht weiter berühren.

Konzentrieren wir uns auf die prinzipiell immer gleichen Inhalte in den einzelnen Perioden und lassen deren jeweilige Dauer einmal offen.

Die Aufbauperiode

Der Anlauf

Zu Beginn eines neuen Trainingsjahres treten die Aktiven nach der »Pause« mit sehr unterschiedlichen Voraussetzungen zum »nächsten Anlauf« an. Manch einer hat wochenlang auf der berühmten faulen Haut gelegen, andere dagegen haben sich aktiv regeneriert (die beste Art sich zu erholen). Der eine kann es gar nicht abwarten, daß es endlich wieder losgeht, ein anderer hat noch von der letzten Saison die »Schnauze voll«.

So ist die Gruppe von Anfang an »gut gemischt«, und man sucht nach einem guten Einstieg.

Zielsetzung

Bevor Du so richtig loslegst (was Du ja kaum noch erwarten konntest), gib Deiner Mannschaft erst einmal eine klare Zielsetzung. Mache deutlich, worauf hingearbeitet werden soll und wo die Chancen liegen.

Nenne die davorliegenden Wettkampfstationen, die fester Bestandteil Deiner »Zielplanung« sind.

Hier nun stichwortartig die Trainingsinhalte in der Aufbauperiode:

Inhalte der Wasserarbeit

– Allgemeine Konditionsschulung mit Schwerpunkt der Entwicklung der aeroben Ausdauerleistungsfähigkeit
– Anbieten vielseitiger Bewegungsformen
– Technikschulung und individuelle Korrekturen
– Schulung von Start und Wende
– Schwimmen in allen Schwimmarten

Inhalte der Landarbeit

– Ausdauerübungen an Land (Waldläufe)
– Allgemeine gymnastische Durchbildung
– Lockerungs- und Dehnungsübungen
– Verbesserung der Beweglichkeit
– Circeltraining
– Spezielle Kraftübungen mit diversen Zuggeräten

Dazu einige Erläuterungen.

Die ersten Trainingstage werden mit relativ niedriger Intensität begonnen.

Eindeutig

Im Wasser wird der Schwerpunkt ganz eindeutig in den Bereich des Ausdauertrainings gelegt.

Innerhalb recht kurzer Zeit wird versucht, den Belastungsumfang pro Trainingseinheit erheblich zu steigern. Das Schwimmen von mittleren und langen Strecken sollte dominieren.

Die anderen konditionellen Eigenschaften werden dabei nicht aus dem Auge verloren, sie sollten, auch und gerade im Wasser, immer wieder in das Programm aufgenommen werden. So können auch hier gelegentliche Sprints oder andere kurze, hochintensive Aufgaben keinen Schaden anrichten – im Gegenteil.

Gerade dann

Technische Hinweise und Technik-Schulung gehören gerade dann mit in den ersten Saisonteil, wenn noch grobe Fehler abzustellen sind, bevor sich dieses »Unding« über viele Kilometer im Wasser wieder »festgefressen« hat.

Auf eine saubere Ausführung der Wenden kann innerhalb der Serien und zu schwimmenden Strecken geachtet werden, eine isolierte Behandlung kommt auch jetzt schon dem Startsprung zu, der von den meisten schlecht genug »beherrscht« wird.

Die Intensität des allgemeinen Ausdauertrainings in der Wasserarbeit erreicht in der Aufbauperiode noch nicht die höchste Stufe.

Die Summe der Belastungen sorgt schon dafür, daß die Aktiven ausreichend »bedient« werden.

Gerade in Verbindung mit Landarbeit kommt man auch schon in dieser Phase ganz schön ins Schwitzen.

Bei den Dauerläufen (möglichst im Wald und auf »weichem« Boden, gut angezogen!) wird der Kreislauf stärker in Anspruch genommen als in der reinen Wasserarbeit.

Die ungewohnte muskuläre Belastung fordert dem Aktiven zudem eine größere Überwindungskraft ab.

Die Vorschaltung

Der übrigen Landkonditionierung, sofern sie durchgeführt wird, sollte ein Block an allgemeinbildenen Übungen vorgeschaltet werden, bevor die Arbeit einen spezielleren Charakter bekommt.

Im Bereich des Krafttrainings wird die Entwicklung der Kraftausdauer dominieren, wenngleich auch ein gewisses Maß an höheren Widerständen auferlegt werden kann. Lockerungs- und Dehnübungen sowie Maßnahmen zur Erhaltung oder Verbesserung der Beweglichkeit stehen für den Schwimmer das ganze Jahr im Plan.

Die Vorbereitungsperiode

Alle Trainingsinhalte aus der Aufbauperiode werden beibehalten.

Die Qualität und auch die Intensität wird in allen Bereichen gesteigert.

In der Wasserarbeit liegt der Schwerpunkt nach wie vor bei der Verbesserung der aeroben Ausdauerleistungsfähigkeit. Es werden also immer noch viele mittlere und lange Strecken geschwommen, die nun in einem höheren Tempo (Intensität) absolviert werden sollen.

Reine Intervallarbeit wird jetzt mehr und mehr in das Programm aufgenommen. Zum Ende der Vorbereitungsperiode, also in der letzten Etappe dieser Stufe, nimmt der Anteil anaeroben Ausdauertrainings zu.

Die Strecken werden teilweise wieder kürzer zu Gunstern einer höheren Schwimmgeschwindigkeit, was zwischen den einzelnen Belastungen u.a. auch mit längeren Pausen gesteuert wird.

Hohes Niveau

Mitten in der Vorbereitungsphase wird die Spitze des Belastungsumfanges erzielt, das Ausdauertraining steht auf einem sehr hohen Niveau. In dieser Phase ist eine weitere (ständige) Technikschulung genauso selbstverständlich, wie das Einbeziehen nicht ausdauerspezifischer Trainingsformen (siehe Aufbautraining).

Zum Ende der Vorbereitungsperiode bekommt das Training einen speziellen Charakter. Die 50 – 200 m – Schwimmer werden verstärkt in ein anaerobes Ausdauertraining einbezogen. Das Training wird hochintensiv. Der Anteil echter Geschwindigkeitsarbeit (auch Sprinttraining) nimmt zu. Die Rhythmusschulung gewinnt an Bedeutung.

Die Landarbeit wird im Verlaufe der Vorbereitungsperiode ebenfalls immer spezieller. Die Waldläufe werden allmählich reduziert und schließlich eingestellt.

Die speziellen Übungen werden überwiegend im Bereich der Kraftausdauer absolviert, möglichst unter Einbeziehung einiger Schnellkraftübungen.

Dehnung-Lockerung-Beweglichmachung, wie schon gesagt, ist obligatorisch.

Nach all diesen Vorbereitungsmaßnahmen steigen wir ein in die Wettkampfperiode.

Die Wettkampfperiode

Der Name sagt es, der (Haupt)Wettkampf rückt näher. Die unmittelbare Wettkampfvorbereitung, die etwa 2 – 4 Wochen dauert, beginnt.

Erstes Ziel Erstes Ziel ist die Festigung und Vervollkommung des bisher Erarbeiteten.

Die »Kurzstreckler« (50 m – 200 m), auf die wir uns jetzt einmal konzentrieren wollen (die unmittelbare Vorbereitung eines Mittel- oder Langstreckenschwimmers sieht inhaltlich anders aus), müssen nun die bis hierhin antrainierte aerobe Ausdauerleistungsfähigkeit erhalten (ein weiterer Aufbau ist jetzt nicht mehr »drin«) und die unter größten Anstrengungen antrainierte anaerobe Ausdauerleistungsfähigkeit (Stehvermögen) in optimale Geschwindigkeit umsetzen.

Das sind die
Themen
- Weit gefächertes Sprinttraining
- Gefühlvolle Rhythmusschulung
- Gezieltes Tempoauftragsschwimmen über verschiedene Strecken in unterschiedlichstem Tempo
- Verbesserung von Start, Wende und Anschlag
- Stabilisierung der Schwimmtechnik
- Psychologische Einstimmung auf das Hauptereignis

Dieses sind die vorrangig zu behandelnden Themen in der Wettkampfperiode, in die gerade im ersten·Teil immer wieder ausdauererhaltende Maßnahmen, die Aufrechterhaltung einer guten Kondition, eingebaut werden.

Optimale
Anpassung
Die letzten Tage vor dem »Topereignis« werden für eine intensive Regeneration bzw. optimale Anpassung genutzt. Der Belastungsumfang wird sehr klein, die Feinarbeit nimmt zu, der Aktive spürt (hoffentlich), daß es immer besser läuft und freut sich auf den Wettkampf.

Die Landarbeit enthält in der Wettkampfperiode kaum noch wirklich belastende Teile, beibehalten wird Dehnung-Lockerung-Beweglichmachung.

Die Übergangsperiode

Die Übergangsperiode ist die Zeit zwischen der Beendigung der Wettkampfperiode (Saisonende) und dem Beginn der nächsten Aufbauperiode (Saisonanfang.)

Bindeglied Dieser Periode kommt als Bindeglied eine größere Bedeutung zu, als vor allem viele Aktive meinen.

Nicht wenige Sportler lassen in diesem Zeitraum, der durchaus als »relative Pause« angesehen werden kann, ihren hochtrainierten Organismus von einem Tag zum anderen in das »Nichts« fallen.

Dafür mögen verschiedene Gründe ausschlaggebend sein. Den Luxus eines solchen »physiologischen Schwachsinns« sollte sich dennoch kein denkender Mensch leisten.

In der Regel dauert die »Sommerpause«, wo die Übergangsperiode am längsten ist, zwischen 2 und 6 Wochen.

Regeneration Ohne Frage steht an erster Stelle die Regeneration. Gerade nach einer langen Saison und am Ende des Trainingsjahres ist das Bedürfnis, in ein rechteckiges Bassin mit olympischen Ausmaßen einzutauchen, nicht sehr groß. Das muß es auch nicht sein, das sollte es auch nicht sein.

»Rettungs-
manöver«
Trotz des Erholungs- und Abstandsbedürfnisses, sollte im Kopf und im Herzen eines Leistungssportlers das Bewußtsein und das eigene Verlangen ver-

Lagebesprechnung
Ralf Beckmann und seine zwei »Hoffmeister-Asse«: links Frank Hoffmeister, Rekordschwimmer
und Deutscher Meister über 50, 100 und 200m Rückenschwimmen; rechts Bernd Hoffmeister,
der auch 1987 wieder Deutschlands schnellster Sprinter über 50m Freistil war.

ankert sein, von den mühsam antrainierten Eigenschaften möglichst viel in die neue Saison »hinüberzuretten«.

Dafür muß man nicht unbedingt ins Wasser springen, obwohl auch dort sehr viel Abwechslung und Freude gefunden werden kann.

Hier sind eine ganze Reihe anderer sportlicher Aktivitäten denkbar, die im einzelnen aufzuführen den Rahmen sprengen würden. Die persönlichen Interessen und Veranlagungen sind zudem sehr unterschiedlich.

Was auch immer für Ausgleichsformen gewählt werden, es muß keinen besondern Trainingscharakter haben, auch wenn das mitunter nicht schaden könnte.

Aktiv bleiben   Wesentlich ist, daß der Aktive, sein Name sagt es, aktiv bleibt.

Wer sich für mehrere Woche nur »wegschmeißt«, beginnt die nächste Saison nicht nur unter Niveau (mit entsprechend größeren Qualen), derjenige wird auch auf Dauer die dynamische Entwicklung nicht mehr mithalten können.

In der Übergangsperiode bringt also ein kleiner Aufwand einen sehr großen Effekt.

Fehlende   Wem dieses »bißchen« zuviel ist, dem fehlt es nicht nur an Verständnis, son-
Reife?   dern auch an Reife. Ein weiterer Risikofehler in dieser Periode ist das Körpergewicht, das durchaus nicht von alleine stabil bleibt.
                      In manchen Fällen ist Übergewicht nur das Ergebnis von Bewegungsarmut.

Schwere   Kommen nun aber Bewegungsarmut und unkontrollierte (manchmal reicht
Sachen   bisher gewohnte) Nahrungsaufnahme zusammen, so kann das leicht zu einem »schwerwiegenden Ereignis« werden.

Ein gewisses Maß an Eitelkeit auf diesem Sektor kann nicht schaden.

Wem der eigene Körper außer Form und Fassung gerät, verliert im doppelten Sinne seine »gute Form« und hat einen um so »schwereren« Start.

In der Übergangsperiode wird in der Regel nicht nach festgeschriebenen Plänen gearbeitet, vielleicht ist gerade das der Grund, warum so mancher Athlet hier die größten Schwierigkeiten hat und Fehlverhalten zeigt.

8. Trainingsbeispiele zu den einzelnen Trainingsperioden im Rahmen einer Jahres- bzw. Saisontrainingsplanung

Zu jeder der einzelnen Trainingsperioden gebe ich drei Trainingsbeispiele für eine einstündige Wasserarbeit. Die Landarbeit klammere ich hier vollständig aus. Zu jeder Trainingsmaßnahme nenne ich den angestrebten Trainingseffekt, die erwünschte Wirkungsweise. Ich gehe von einem Leistungniveau aus, das bei 100 m-Kraulern zwischen 1:00 und 1:10 Min. liegt. Prinzipiell macht es natürlich keinen Unterschied, welchen Leistungsstand die Schwimmer haben (Anfänger ausgeklammert).

Aufbauperiode

Ein Beispiel für die erste Trainingswoche:

1.	300 m	locker in 3 versch. Schwimmarten, beliebiger Wechsel
2.	200 m	Schwimmart beliebig mit Tempowechsel
3.	100 m	Lagen in umgekehrter Folge
4.	2 x 50 m	je 50 m in steigerndem Tempo
5.	600 m	Kraul-Arme, mittl. Tempo
6.	200 m	Wechselzüge
7.	16 x 50 m	Lagenwechsel, Wechsel alle 25 m in der Lagenfolge, 1 Min. Startabstand
8.	100 m	Rücken-Gleichschlag
9.	5 x 100 m	Tempoauftrag, mittl. Intensität, 2 Min. Startabstand
10.	2 x 25 m	jeden steigernd

Die Zielsetzungen der einzelnen Aufgaben:

1.-4.	(1000 m)	Einschwimmen
5.	(600 m)	aerobe Ausdauer
6.	(200 m)	Koordination, Streckung, Lage
7.	(800 m)	aerobe Ausdauer, Schwimmen in allen Schwimmarten
8.	(100 m)	aktive Erholung, tiefe Atmung
9.	(500 m)	Zeitgefühl
10.	(50 m)	Geschwindigkeitsgefühl

Summe: 3250 m

Ein Beispiel mitten in der Aufbauperiode:

1.	300 m	differenziertes Einschwimmprogramm
2.	4 x 250 m	Kraul, 30" Pause, Serie progressiv schwimmen
3.	10 Min.	technische Übungen
4.	200 m 150 m 100 m 50 m	Beinarbeit, je 30" Pause, mittlere Intensität
5.	4 x 50 m	Übergänge aus der Beinarbeit in die Gesamtbewegung
6.	3 x 200 m	1. Rücken, 2. Brust, 3. Kraul, je 30" Pause

Im Training großer Gruppen muß die Trainingsuhr helfen. Jeder Schwimmer kann selber seine Zeit nehmen. Der Trainer ist frei für wichtige Aufgaben.

Die Zielsetzungen der einzelnen Aufgaben:

1. (300 m)   Einschwimmen
2. (1000 m)   aerobe Ausdauer
3. (ca. 400 m)   technische Verbesserung
4. (500 m)   aerobe Ausdauer, Erhöhung d. lokalen Muskelausdauer
5. (200 m)   Koordination, Rhythmus
6. (600 m)   aerobe Ausdauer

Ein Beispiel zum Ende der Aufbauperiode:

1. 10 x 50 m   10" Pause, wechselne Aufgabenstellungen
2. 800 m 90" Pause
   400 m 60" Pause
   200 m 30" Pause   alles in Kraul oder Rücken
   100 m
3. 2 x 50 m   »Synchronschwimmen« mit Partner
4. 2 x 300 m   Lagen im 75er Wechsel, 60" Pause
5. 5 Min.   Kurzsprints mit Wende (ca. 6 x)
6. 200 m   in beliebiger Schwimmart mit niedriger Zugzahl

Die Zielsetzungen der einzelnen Aufgaben:

1. (500 m)   Einschwimmen
2. (1500 m)   aerobe Ausdauer
3. (100 m)   Koordination
4. (600 m)   aerobe Ausdauer in allen Schwimmarten
5. (ca. 100 m)   Wendenschulung, Schnelligkeit
6. (200 m)   Zugzahlkontrolle, Gleiten

Ein Beispiel zu Beginn der Vorbereitungsperiode:

1. 600 m   eigene Aufteilung in 4 - 8 Teilstrecken, alle Geschwin-
                 digkeitsbereiche und alle Schwimmarten berücsichtigen
2. 100 m Beine
   100 m Arme   je 30" Pause, diese Serie in jeder Schwimmart 1 x
   100 m Kompl. (4 x 3 x 100 m)
3. 4 x 50 m   Zugzahlaufträge
4. 3 x 400 m   Kraul, Start 6 : 30
5. 200 m   Rücken, stark rollen (3400 m)

Die Zielsetzungen der einzelnen Aufgaben:

1. (600 m)   Einschwimmen
2. (1200 m)   aerobe Ausdauer, Schwimmen in allen Schwimmarten
3. (200 m)   bessere Ausnutzung pro Armzug
4. (1200 m)   aerobe Ausdauer
5. (200 m)   aktive Erholung, Verbesserung des »Rollgefühles«

Ein Beispiel mitten in der Vorbereitungsperiode:

1. 10 Min.   eigenes Einschwimmprogramm, mindestens 500 m
2. 1000 m   Lagen, 250er Wechsel, hohes Niveau
3. 100 m   Brust, locker aber lang gleiten
4. 300 m   Beine, Kraul, locker beginnen
                 und dann steigern (progressiv)
5. 4 x 50 m   Beine, Kraul, sehr scharf, 75" Start
6. 6 x 150 m   Kraul, jede Strecke auf Steigerung, 30" Pause
7. 5 x   Startsprung mit Kurzsprint

Die Zielsetzungen der einzelnen Aufgaben:

1. (ca. 500 m)   Einschwimmen
2. (1000 m)   aerobe Ausdauer, Schwimmen in allen Schwimmarten
3. (100 m)   aktive Erholung, Streckung, Lage
4. (300 m)   aerobe Ausdauer, lokale Muskelausdauer
5. (200 m)   anaerobe Ausdauer, lokale Muskelausdauer
6. (900 m)   aerobe und ein wenig anaerobe Ausdauer
7. (ca. 75 m)   Startsprungschulung, Sprintgefühl

Ein Beispiel zum Ende der Vorbereitungsperiode:

1. 5 x 100 m   Einschwimmen, kurze Pausen, verschiedene Aufgaben
2. 4 x 50 m   jeden auf Steigerung bis in das max. Tempo, 75" Start
3. 3 x 100 m
   4 Min. Start
   3 x 50 m
   3 Min. Start alles in Kraul (HSA)
   2 x 25 m
   90" Start   maximales Tempo
4. 200 m   Beine, locker
5. 4 x 50 m   Zugzahl = Zeit, 75"Start
6. 400 m   Arme, Kraul, 5er-Zug, mittl. Tempo
7. 4 x 75 m   Kraul, jede Strecke progressiv, 2 Min. Startabstand
8. 200 m   locker, alle 25 m etwas anderes
9. 4 x 50 m   Kraul oder Delphin, hoher Atemmangel, geringe bis
                 mittl. Intensität, 90" Start

Die Zielsetzungen der einzelnen Aufgaben:

1. (500 m)   Einschwimmen
2. (200 m)   Tempogefühl, Rhythmus
3. (500 m)   anaerobe Ausdauer
4. (200 m)   aktive Erholung, Wassergefühl mit den Füßen
5. (200 m)   Optimierung des Schwimmrhythmus, bessere
                 Ausnutzung pro Armzug
6. (400 m)   aerobe und etwas anaerobe Ausdauer
7. (350 m)   Tempogefühl, Beschleunigungsvermögen auf der Bahn,
                 etwas anaerobe Ausdauer
8. (200 m)   aktive Erholung, vielseitige Bewegungsformen
9. (200 m)   anaerobe Ausdauer, hohe Ausnutzung des vorhandenen
                 Sauerstoffes

Ein Beispiel zu Beginn der Wettkampfperiode:

1. 15 Min.   diverse Einschwimmübungen, durch den Trainer an-
                 gesagt (ca. 500 - 700 m)
2. 6 x 50 m   Kraul, jedesmal um genau 1 Sekunde schneller werden,
                 letzte 50er 4 - 5 Sekunden über Bestzeit, kein fester Start,
                 Pausen für Hinweise nutzen!
3. 500 m   Beine, HSA, mittl. Tempo, aus der Wand heraus immer
                 kurz ansprinten
4. 12 x 25 m   jeweils 2 auf Steigerung und jeden dritten 25er voll, usw.
                 20 – 30 Sek. Pause
5. 400 m   Arme, leicht – mittel

6. Anschlagtraining   (Finish)

Die Zielsetzungen der einzelnen Aufgaben:

1. (ca. 600 m)   Einschwimmen, Anregungen geben
2. (300 m)   Tempogefühl (Zeitgefühl), etwas anaerobe Ausdauer
3. (500 m)   Erhaltung der lokalen Muskelausdauer, starken Abstoß
                 und schnellen Antritt schulen
4. (300 m)   Rhythmus, Beschleunigungsvermögen, mit verstärktem
                 Einsatz der Beinarbeit, Gefühl für Renntempo
5. (400 m)   Erhaltung der aeroben Ausdauer
6. (ca. 100 m)   Zugzahl auf den Anschlag einstellen, Sprintvermögen,
                 Wettkampfsituation simulieren

Ein Beispiel in den letzten Tagen vor dem Hauptwettkampf:

1. 10 Min.   individuelles Einschwimmprogramm, nur wenn nötig
                  Hinweise durch den Trainer
2. 4 x 100 m   Lagen, 25er Wechsel, jedesmal in anderer Folge
                  schwimmen, die Hauptschwimmart liegt am Ende und
                  wird auf Steigerung geschwommen, die ersten 75 m sind
                  locker aber sehr flüssig, ca. 2 Min. Startabstand
3. 4 x 25 m   Kraul, mittleres Tempo mit kleiner Steigerung in der
                  Strecke, Zugzahl jedesmal etwas reduzieren
4. 10 Min.   Übungen zur Verbesserung d. Schwimmlage in der HSA
5. 300 m   locker, beliebig (Arme oder Beine oder komplett
                  oder gemischt)
6. 1 x 100 m   HSA (Hauptschwimmart), ganz locker beginnen, die
                  letzten 25 m voll, bis 75 m etwas auf Steigerung
                  schwimmen
7. 10 Min.   diverse Sprintübungen, immer neue Situationen schaffen
8. 100 m   locker, beliebig
9. eine Strecke   mit Startsprung (kürzer als Wettkampfstrecke, für den
   nach Zeit   100 m Schwimmer 25 − 27 m)
10. Lockerungen im Wasser

Die Zielsetzungen der einzelnen Aufgaben:

1. (ca. 500 m)   Einschwimmen mit eigenen Ideen der Aktiven
2. (400 m)   Gefühl für starkes Finish, aus verschiedenen Schwimm-
                 arten heraus in die HSA hineinsteigern, schwimmen in
                 allen Schwimmarten
3. (100 m)   volle Ausnutzung pro Armzug
4. (ca. 400 m)   Verbesserung der Lage im Wasser
5. (300 m)   Kreislauf auf Funktion halten
6. (100 m)   Gefühl für starkes Finish
7. (ca. 200 m)   Sprintgefühl, Spritzigkeit
8. (100 m)   aktive Erholung
9. (ca. 50 m)   Schwimmen im Renntempo
10. ─────   Lockerung

Nur ein Auszug

Die hier gegebenen Trainingsbeispiele sind nur als ein punktueller Auszug aus der Trainingsarbeit anzusehen. Jedes einzelne vorgestellte Programm kann zeitlich verkürzt oder ausgedehnt werden. Umfang und Intensität lassen sich variieren.

Wie ein Trainingsprogramm im Einzelnen auszusehen hat, muß den Gegebenheiten »vor Ort« angepaßt sein.

Das »Programm« allein ist noch lange nicht das ganze Training.

Es ist mir (natürlich) auch nicht gelungen, in diese acht Trainingsprogramme alle Inhalte einzubauen, die zum Bestandteil dieser Arbeit gehören.

Ich habe lediglich den Versuch unternommen, zu einigen Schwerpunkten, die in den einzelnen Trainingsperioden angesprochen werden, konkrete Beispiele zu geben, um das Prinzip auf die Weise etwas mehr zu verdeutlichen.

Einfach übernehmen? Es ist nicht damit getan, ein Programm, und sei es noch so gut, einfach zu übernehmen. Das gilt auch für Programme, die man selbst schon einmal gemacht hat. Ein wirklich gutes Programm wird immer wieder aufs neue »gestaltet«.

9. Anpassungserscheinungen

Wie wir erfahren haben, bewirkt sportliches Training durch verschiedene Anpassungserscheinungen im Organismus und in der Muskulatur des Athleten ganz bestimmte Veränderungen und, damit verbunden, Leistungssteigerungen. Bei diesen Anpassungsvorgängen spielt die Psyche und der gesundheitliche Zustand (einschließlich Lebenswandel) des Sportlers eine mitentscheidende Rolle.

Hier nun die wesentlichen physiologischen Anpassungserscheinungen.

Muskulatur

Wie schon mehrfach festgestellt, ist die Muskulatur auf Kraft – Ausdauer – Schnelligkeit und Koordination trainierbar.

Der Zuwachs Ein Muskel, der auf einen Zuwachs an Grundkraft trainiert wird, vergrößert sich in seinem Querschnitt, d.h. die Muskelmasse nimmt zu, was als Hypertropie bezeichnet wird. Die Grundkraft des Muskels hängt in erster Linie von der Größe seines Querschnitts ab.

Mit zunehmendem Muskelquerschnitt steigt das Maß an Grundkraft und ebenso das Gewicht der Muskulatur und damit auch das Körpergewicht des Athleten.

Kapillarisierung Durch Ausdauertraining wird die Muskulatur besser kapillarisiert. Es bilden sich neue kleinste Blutgefäße (Kapillaren), die das »Versorgungsnetz« im Muskel erweitern und somit verbessern. Die Versorgung der Muskulatur mit Blut, und damit die bei Ausdauerleistungen so entscheidende Zufuhr von Sauerstoff, wird gefördert.

Die durch Trainingsmaßnahmen zu erzielende Leistungsfähigkeit der Muskeln hängt auch von deren Struktur ab.

Gemeinsames Zwar haben alle Muskelfasern eine gemeinsame Grundstruktur, unterscheiden sich jedoch in ihrer Funktion und biochemischen Zusammensetzung.

Man unterscheidet zwischen den hellen Fasern (hellrot), den dunklen Fasern (dunkelrot) und einer Zwischenform, die mehr oder weniger über Eigenschaften der hellen oder dunklen Fasern verfügen kann.

Hell und schnell Die hellen Muskelfasern eignen sich insbesondere für Schnelligkeitsleistungen, da sie über eine hohe Erregbarkeit und schnelle Kontraktionsgeschwindigkeite verfügen. Andererseits ermüden die hellen Muskelfasern auch sehr schnell.

Den dunklen Muskelfasern fehlt die hohe Erregbarkeit, und sie können auch keine hohen Kontraktionsgeschwindigkeiten eingehen, dafür sind sie ausdauernder, ermüden also nicht so schnell.

Dieses Mischungsverhältnis ist von Natur nicht bei allen Sportlern gleich.

So kommt es denn auch, daß einige »von Haus aus« eher für Schnelligkeitsleistungen geeignet sind und andere mehr für Ausdauerleistungen.

Beeinflussung Diese beiden Faktoren allein sind nicht ausschlaggebend, zumal durch entsprechende Trainingsmaßnahmen die angesprochenen Eigenschaften der verschiedenen Muskelfasertypen beeinflußt werden können.

Wie die Trainingspraxis zeigt, ist es jedoch schwieriger, die dunklen Muskelfasern durch entsprechende Schnelligkeitsübungen dafür zu begeistern, nun »blasser« zu werden, als den Anteil der Muskelfasern zu erhöhen, die zu ausdauernden Leistungen bereit sind, was durch ein hoch genug angesetztes Ausdauertraining realisiert wird. So ist an dem »Spruch«, der wohl aus der Leichtathletik stammt, im Kern etwas Wahres, wenn behauptet wird: »Sprinter werden geboren, Langstreckler werden gemacht«. So einfach ist es natürlich nicht, jedoch spielt auch in diesem speziellen Bereich die Veranlagung eine Rolle.

Herz- und Kreislauf

Herzliches

Das Herz bzw. die Herzmuskulatur, vergrößert sich im Gegensatz zur Skelettmuskulatur nur durch Ausdauertraining.

Kurze Belastungen mit großer (oder kleiner) Intensität haben keinerlei Einfluß auf dieses »zentrale Organ«, dem gewissermaßen die Funktion eines »Motors« zukommt, der mit seiner »Pumpkraft« den gesamten Organismus mit Blut zu bedienen hat.

Eine entscheidende Größe hierbei ist das Herzvolumen, der »Hubraum« des Herzens.

Das Herz eines erwachsenen Untrainierten hat ein Volumen von ca. 750 cm^3.

Bei Ausdauersportlern, wozu die Schwimmer zählen, wurden Werte bis 1500 cm^3 ermittelt.

Das »Sportlerherz«

Ein solches, lange Zeit umstrittenes »Sportlerherz« birgt keinerlei Risiken in sich, wie − wissenschaftlich abgesichert − nachgeswiesen wurde.

Im Gegenteil, ein durch Ausdauertraining vergrößertes (hypertrophiertes) Herz kann auf diese Vorzüge verweisen:

Vorzüge

− Niedriger Ruhepuls (bei manchen Sportlern unter 40 Schlägen p. Minute)
− Großes Schlagvolumen (die pro Herzschlag beförderte Blutmenge nimmt zu)
− Großes Herzminutenvolumen (es handelt sich um die pro Minute »ausgeworfene« Blutmenge, die bei Untrainierten maximal ca. 15 - 18 Liter und bei hochtrainierten Dauerleistern bis über 30 Liter beträgt.
− Schnelle Pulsberuhigung (nach einer Belastung sinkt die Pulsfrequenz schneller ab).
− Ökonomischere Abeitsweise. Das »Sportlerherz« arbeitet unter allen Bedingungen ökonomischer als das Herz eines Untrainierten. Selbst im Ruhezustand wird das deutlich. Ein »normales« Herz hat im Ruhezustand innerhalb von 24 Std. je nach Alter des betreffenden zwischen 14.000 - 20.000 mkp zu leisten. Die Ökonomisierungsvorgänge durch das Ausdauertraining, die auf das gesamte Herzkreislaufsystem wirken, erleichtern die Arbeit des Herzens auf etwa 7.000 - 10.000 mkp im gleichen Zeitraum.

Stoffwechsel

Unter »Stoffwechsel« werden alle Vorgänge verstanden, die im Organismus zum Aufbau, Umbau, Abbau bzw. zur Umwandlung von Körpersubstanzen führen.

Jede körperliche Anstrengung ist mit einem erhöhten Energieverbrauch und -bedarf verbunden, was durch den Abbau bzw. Umbau (Umwandlung) von spezifischen Substanzen gedeckt wird.

Kompliziertes Die sehr komplizierten Stoffwechselvorgänge können ablaufen unter ausreichender Zufuhr von Sauerstoff (aerob), aber auch unter unzureichender Zufuhr von O_2 (anaerob).

Soll als Trainingziel die Fähigkeit der aeroben Energiebereitstellung verbessert werden, so ist dieses über ein umfangreiches Ausdauertraining zu erreichen, da sich auf diese Weise die »Durchblutungsgröße« durch Vermehren der Kapillaren vergrößert und somit logischerweise auch mehr Sauerstoff herantransportiert werden kann.

Durch ein sehr intensives Stehvermögentraining (anaerobes Ausdauertraining) wird die Fähigkeit der Muskulatur gesteigert, trotz unzureichender Zufuhr von Sauerstoff weitere qualitative Muskelarbeit zu leisten.

Bei dieser Art des Trainings kommt es zu einer Vermehrung der »Alkalireserve« im Blut, die die bei solcher Arbeit auftretenden Stoffwechselzwischenprodukte für eine bestimmte Zeit binden bzw. neutralisieren kann.

Damit wird deutlich, daß das sportliche Training sich unmittelbar auf die Funktion der Stoffwechselvorgänge auswirkt.

Die Atmung

Anpassungsvorgänge auf die Atmung resultieren vornehmlich aus dem Ausdauertraining, wodurch sich die Vitalkapazität (Vita-Maxima) vergrößert. Hierbei handelt es sich um die pro Atemzug aufnehmbare (bzw. abzugebende) Luftmenge.

Eine vergrößerte Vitalkapazität (bis zu 8 Liter bei den Schwimmern) bewirkt eine geringe Atmenfreqenz, zudem nimmmt die Ventilationstiefe zu, d.h. die durchschnittlich pro Atemzug aufgenommme Luftmenge.

Darüber hinaus kommt es zu einer besseren Ausnutzung der aufgenommenen Luftmenge (und damit des Sauerstoffes, der einen Anteil von 21% in der Atemluft hat).

Ökono-
misierung Die verbesserte Ausnutzung des Sauerstoffes ist im Zusammenhang zu sehen mit einer Ökonomisierung des gesamten Herz-Kreislaufes und der Stoffwechselvorgänge.

Von größerer Bedeutung als die Vitalkapazität ist das Atemminutenvolumen, die pro Minute aufnehmbare Luft- bzw. Sauerstoffmenge, die sich ebenfalls durch Ausdauertraining vermehrt.

Das Blut

Das Blut hat vornehmlich die Aufgabe, den gesamten Organismus bis hin zur »letzten« Körperzelle mit Sauerstoff und Nährstoffen zu versogen.

Ebenso hat es für den Weiter- und Abtransport von Stoffwechselzwischen- und -endprodukten zu sorgen.

Transport-
unternehmen Diese Transport- und Versorgungsaufgaben sind genau »kanalisiert«. In den Adern (bis hin in die kleinsten Kapillaren) wird das Blut dort hingebracht, wo es benötigt wird (wo die »Hauptarbeit« stattfindet), und in den Venen fließt es zurück, um am Ende des Kreislaufes wieder aufgefrischt und »abgeräumt« auf denselben Weg geschickt zu werden.

Die Zusammensetzung des Blutes läßt sich durch das Training unterschiedlich beeinflussen, wie bei den Stoffwechselvorgängen teilweise schon angesprochen (Erhöhung der »Alkalireserve«).

Durch Training regeneriert sich das Blut selbst schneller, und es kommt unter bestimmten Voraussetzungen zu einer Vermehrung der roten Blutkörperchen und des roten Blutfarbstoffes, dem Hämoglobin, dem als Sauerstoffträger eine besonders wichtige und leistungslimitierende Rolle zukommt.

Viele Ausdauersportler beziehen aus diesem Grunde immer wieder Höhentrainingslager in ihr Trainingskonzept ein (allen voran die Ostblockstaaten), da in der Höhe ab 1.800 m (bis ca. 2500 m) durch den verminderten Sauerstoffanteil in der Luft (auf etwa 16 - 17%) ein besonderer Trainingsreiz für diese Art der Anpassung gegeben ist.

10. Unerwünschtes

Über die Problematik einer optimalen Anpassung wurden bereits einige Ausführungen gemacht.

In diesem Zusammenhang gibt es beinahe eine Unsumme von begünstigenden, aber auch von mindernden Faktoren.

Die Wirkungsweise auf den individuellen Sportler kann zudem noch höchst unterschiedlich sein, sieht man einmal von den für alle gültigen physiologischen und sonstigen Naturgesetzen ab.

Nicht zu-
friedengestellt

Solange alles gut läuft, tauchen kaum Fragen auf. Eventuell begleitende sportmedizinische Untersuchungen geben nur eine sehr grobe Orientierung, zudem ist ein Athlet noch lange nicht zufriedengestellt, wenn ihm nachgewiesen werden kann, daß sich beispielsweise sein Atemgrenzwert oder sein Ruhepuls verbessert hat, er jedoch im Wettkampf keine Steigerung vorweisen kann.

Der Sportler mit der ausgewogensten Trainingsbelastung, mit den besten medizinischen Werten, mit einem nicht mehr zu überbietenden Talent, mit vorzüglicher Technik oder mit sonstigen Vorzügen ausgestattet, ist nicht zu jedem Zeitpunkt immer der Beste und steht nicht nur auf individuellen Höhepunkten.

Schwächen und
Fehler

Schwächen und Fehler tauchen überall auf; man erkennt sie nicht immer gleich, und selbst wenn, gelingt es nicht immer, alles auszuräumen.
»Unerwünschte Phasen« kommen vor, wer sie noch nicht kennt, wird sie kennenlernen.

Wer sie erkennt, wird danach suchen, wo die Ursachen liegen und − viel wichtiger − wie man sie abstellen kann.

Ich möchte mich hier darauf beschränken, die wohl »gängigsten« Ursachen aufzuzählen, die leistungsmindernden Charakter haben, und wähle dazu eine einfache Aufstellung.

Unerwünschtes (einige leistungsmindernde Faktoren)

Fehler im Trainingsprozeß

Zu schnelles Steigern der Anforderungen.

Zu rasches Erhöhen der Belastung nach Zwangspausen (Verletzung, Krankheit, etc.)

Die Erholung wird vernachlässigt.

Zu großer Anteil von Belastungen mit maximaler und submaximaler Intensität.

Zu einseitiges Training.

Vernachlässigung der technischen Schulung.

Keine zielgerichtete Trainings- und Wettkampfplanung.

Unregelmäßiges Training.

Nachlassender Einsatz des Aktiven.

Schlechter Umgang des Trainers mit den Aktiven.

Zu hoch gesteckte Erwartungen durch den Trainer, den Aktiven, Eltern, Öffentlichkeit, usw.

Zu lasches Training.

Ursachen/Folgen in Lebens- und Verhaltensweisen

Unregelmäßiger Tagesablauf.

Mängel in der Ernährung.

Zu wenig Schlaf.

Überhastete Lebensweise.

Launisches Verhalten.

Alkoholkonsum

Nikotinkonsum

Gleichgültigkeit

Angst vor Anstrengungen.

Geringe Bereitschaft, Kritik anzunehmen.

Mangelhafte Mitarbeit.

Schlechtes Gewissen.

Unfähigkeit zur sinnvollen übrigen Freizeitgestaltung.

Mangelnde Konzentrationsfähigkeit.

Zu wenig Aufenthalt an der frischen Luft.

Neid gegenüber Mitkonkurrenten, Resignation.

Ursachen/Folgen in der Umwelt

Überfordert durch Schule, Beruf, Studium, Familie, etc.

Mißerfolgserlebnisse verschiedenster Art.

Zu ehrgeizige Eltern.

Schlechte Stimmung oder Krach in der Mannschaft.

Finanzielle Sorgen. Krankheiten in Familie oder engem Bekanntenkreis.

Eifersucht, Liebeskummer, Enttäuschungen.

Spannungen in der Familie.

Ärger unterschiedlichster Art.

Leistungsfeindliche Umwelt.

Zu großer Zeitaufwand für die Anreise zum Training.

Ursachen/Folgen im Gesundheitszustand

Infektionserkrankungen und deren Nachwirkungen

Zahn- oder Kopfschmerzen

Untergewicht

Übergewicht

Nervosität

Psychische Labilität

Allgemeines Unwohlsein

11. Einige Grundsätze zur Biomechanik

Unter biomechanischen Gesichtspunkten, von denen ich nur die grundlegendsten darstellen möchte, haben wir es beim Schwimmen mit vornehmlich zwei Kräften zu tun:

Zwei Kräfte

1. **Antrieb**
2. **Widerstand**

Will ich mich im Wasser vorwärtsbewegen, muß der Antrieb logischerweise höher sein als der Widerstand.

Hauptsächlich treten drei Arten des Widerstandes auf:

a) **Frontalwiderstand** Das ist der Widerstand, den der Körper dem Wasser, praktisch gegen die Schwimmrichtung, entgegenbringt, also das Wasser, das frontal gegen den Körper strömt.

b) **Hautreibung** Die Hautreibung entsteht durch den Wasserwiderstand auf der Haut. Diese Art des Widerstandes spielt bei einer maximalen Schwimmgeschwindigkeit von ca. 6 km/h nur eine untergeordnete Rolle.

c) **Endsog** Die Wassermoleküle, die ein Schwimmer gewissermaßen hinter sich herzieht, machen den Endsog aus, der häufig in seiner Wirkung unterschätzt wird. Dieses Mitschleppen von Wasserteilen kann eine erhebliche bremsende Wirkung haben.

Bemühungen

Wir müssen darum bemüht sein, die verschiedenen Arten der Widerstände möglichst gering zu halten. Anderseits sind wir auf den Widerstand im Wasser angewiesen, um überhaupt Vortrieb erzeugen zu können.

Der Vortrieb wird erzeugt durch einen möglichst effektvollen Krafteinsatz der Arme und Beine gegen den Wasserwiderstand.

Die Schwimmgeschwindigkeit wird demnach erreicht und kann gesteigert werden, indem der Wasserwiderstand in den nicht vortriebserzeugenden Phasen sehr gering gehalten wird (z.B. in Gleitphasen, Schwungphasen, etc.) was kein automatisches Ergebnis konditioneller Arbeit ist, und anderseits dadurch, daß der Widerstand in den vortriebserzeugenden Phasen mit möglichst großen Flächen und optimalem Krafteinsatz ausgenutzt und überwunden wird.

Vermeiden u. Überwinden

Vermeiden und Überwinden des Wasserwiderstandes ist demnach, ganz reduziert ausgedrückt, das Geheimnis einer guten »Wasserarbeit«.

Wer sich in seinem Training zu einseitig auf das »Überwinden« konzentriert, vermeidet damit **noch** bessere Resultate, was umgekehrt die gleiche Gültigkeit hat.

Bezogen auf die Antriebskraft, ist es von großer Bedeutung, daß sie möglichst gleichmäßig erfolgt.

Schwankungen?

Schwankungen der Schwimmgeschwindigkeit innerhalb eines Bewegungszyklus' sind unökonomisch und sollten, soweit wie möglich, vermieden werden. Techniken mit einer vergleichsweise großen Geschwindigkeitsschwankung, wie z.B. das Brustschwimmen, weisen innerhalb eines Zyklus stark wechselnde Widerstandswerte auf; so ist es auch niemals möglich, daß hier gleiche Schwimmgeschwindigkeiten wie etwa bei Kraulschwimmen erreicht werden können, wo eine relativ gleichmäßige Anwendung von Antriebskräften erfolgt.

Technische Fehler begünstigen solche Schwankungen und erfordern zudem einen höheren Energieverbrauch.

»Schnellzug« Eine weitere biomechanische Fragestellung ist es, wie schnell durch das Wasser gezogen werden soll, womit die Zugfrequenz und in dem Zusammenhang auch die Zuglänge angesprochen wird.

Viele Faktoren wie Hebelverhältnisse, Körpergröße, zu schwimmende Wettkampfstrecke, Schwimmtechnik usw. spielen eine Rolle.

Die absolute unterste Grenze liegt dort, wo die Arme so durch das Wasser ziehen, daß die Trägheit der Masse gerade überwunden wird und der Vortrieb einzusetzen beginnt.

Der Körper bewegt sich vorwärts und erreicht »Geschwindigkeit«.

Die obere Grenze liegt dort, wo die Arme gerade noch in der Lage sind, unter Beachtung der einschlägigen physikalischen Gesetze (saubere Technik) die Bewegung durch das Wasser, gegen den Widerstand, durchzuführen.

**Grenzüber-
schreitung** Diese Grenze wird in der Praxis häufig überschritten, dazu später mehr.

Unter der Voraussetzung, daß der Zugverlauf sauber bleibt, würde eine Verdoppelung der Zugfrequenz, rein theoretisch nach den physikalischen Gesetzen, den Vortrieb und damit die Geschwindigkeit vervierfachen.

Der Widerstand verändert sich jedoch genauso, und zwar mit dem Quadrat der Geschwindigkeit.

Gesetzliches Ein physiologisches Gesetz sagt uns, daß der Energieverbrauch bei einer Verdoppelung der Muskelkontraktionsgeschwindigkeit in der dritten Potenz steigt, das heißt, eine Verdoppelung der Bewegungsfrequenz zieht einen um das Achtfache gesteigerten Energieverbrauch nach sich. In einer Steigerung der Zugfrequenz allein kann demnach nicht das seligmachende Tempo liegen.

Das Finden der individuell optimalen Zugzahl ist ein langwieriger Prozeß.

Der Schlupf Pro Armzug soll zudem ein möglichst geringer »Schlupf« entstehen, der dann am kleinsten ist, wenn es gelingt, im Verlaufe des Armzuges in jeder Phase den optimalen Anstellwinkel zum Wasser zu finden, wie auch die effektivste Beschleunigung innerhalb eines Armzuges (progressiver Armzug).

Beobachtet man einen Schwimmer von der Seite, kann dieser Schlupfverlust deutlich erkannt werden. Es ist die Differenz zwischen der Stelle, an der die Hand den Armzug einleitet, und der Stelle, an der die Hand das Wasser verläßt. Dieser Abstand soll also möglichst gering sein.

Nehmen wir die Hand als Bezugspunkt, so können wir feststellen, daß sie im Wasser im Grunde genommen beinahe auf der Stelle »stehenbleibt« und der Körper darüber hinwegschwimmt, ähnlich wie bei der Arbeit auf der Rollbank.

Die Lage des Körpers im Wasser

Wer schlecht im Wasser liegt, wird nie ein guter Schwimmer. Dennoch schwimmt manch einer, der schlecht »liegt«, respektabel schnell.

Doch wie würde er wohl schwimmen können, wenn er gut liegen würde?

Nicht von allein

Eine gute Schwimmlage kommt nicht nur von allein. Sie kommt zuverlässiger, wenn vor und mit dem Erlernen der Schwimmtechniken, vielleicht mehr als üblich, die Lage des Körpers im Wasser gründlich vermittelt wird.

Um den Frontalwiderstand und damit auch den Endsog so gering wie möglich zu halten, muß sich der Körper grundsätzlich in einer flachen und stromlinienförmigen Lage befinden.

Im Verhältnis zur Wasseroberfläche muß ein gewisser Anstellwinkel vorhanden sein, da speziell die Beinarbeit sonst nicht wirkungsvoll eingesetzt werden kann; so würden z.B. beim Brustschwimmen die Füße immer dann das Wasser verlassen, wenn sie angeschwungen werden.

Lange Zeit wurde für diese Lage der Ausdruck »Gleitbootlage« verwendet, der jedoch nach unseren heutigen Erkenntnissen ein wenig überholt sein dürfte. Heute können wir eher von einer »Schalenlage« oder »wellenförmigen« Lage sprechen.

Bei einer Schwimmlage dieser Art wird vor allem der Endsog deutlich reduziert, der Schwimmer schleppt weniger Wasser mit sich herum, als es bei einer »klassischen« Gleitbootlage der Fall ist.

Hoch hinaus?

Die Höhe der Schwimmlage hängt in erster Linie von ganz individuellen Faktoren ab, wie Körpergröße, Knochenbau, Muskelmasse, Fettgewebe — alles Dinge, die auf das spezifische Gewicht einen Einfluß haben, aber auch von der Art und Weise, wie die zur Verfügung stehenden »Auftriebsflächen« dem Wasser »angeboten« werden und natürlich auch von der Höhe der Schwimmgeschwindigkeit. Alle horizontalen wie vertikalen Abweichungen von der »idealen« Lage sollen vermieden bzw. so klein wie möglich gehalten werden.

Das Vorschwingen der Arme beim Kraulschwimmen z.B. geht nun einmal nicht auf der gedachten Körpermittellinie, die Hand soll aber doch so dicht wie möglich am Körper und flach über Wasser nach vorne zum Eintauchpunkt geschwungen werden.

Beim Delphinschwimmen lassen sich Auf- und Abbewegungen nicht vermeiden, insbesondere in Verbindung mit der Einatmung nicht. Dennoch wird auch hier eine flache Lage angestrebt.

Vermeidbare Widerstände lassen sich bis zu einer gewissen Grenze durch ein »kompensierendes« Konditionstraining überspielen.

»Reingelegt«?

»Der liegt gut drin« oder »heute habe ich gut gelegen« hat jeder schon einmal festgestellt oder beobachtet. Dafür kann man etwas tun; wer sich im Training auch dieser Aufgabe annimmt, legt dabei bestimmt niemanden herein.

12. Die vier Schwimmtechniken

Auf eine sehr auführliche Bewegungsbeschreibung und Diskussion vieler möglicher Varianten möchte ich verzichten, zumal es in der Literatur und über Filme und Lehrtafeln hier viel bessere Möglichkeiten gibt.

Einige wesentliche Merkmale der einzelnen Techniken darzustellen und hervorzuheben, möchte ich jedoch versuchen und gebe vorab als Vorspann jeweils eine Kurzbeschreibung.

12.1. Das Kraulschwimmen

Kurzfassung: Die Arme ziehen wechselseitig durch das Wasser und werden über Wasser nach vorne zum Ansatzpunkt des nächsten Armzuges geschwungen. Die Beine schlagen abwechselnd auf und ab. Auf zwei Armzüge (ein Zyklus) wird ein- und ausgeatmet.

Der Armzug

Dreiteilung Der Armzug wird unterteilt in

– Zugphase

– Druckphase

– Schwungphase

Die Hand taucht in der Verlängerung der Schulter in das Wasser ein, und vor dem eigentlichen Zugansatz wird der Arm nach vorne zur Streckung gebracht. Nach diesem kurzen »Gleitschub« setzt der eigentliche Zug ein, und es muß **Druck** versucht werden, den Druck auf der Handinnenfläche möglichst früh zu er- **erhöhen** höhen, was durch das sogenannte »Wasserfassen« erfolgt.

Die Hand wird in einer Art »Zick-Zack-Muster« duch das Wasser gezogen und beschreibt dabei ein »S-Muster« bzw. ein umgekehrtes Fragezeichen. Im Verlaufe des Armzuges verändert sich der Beugungswinkel des Armes ständig und erreicht seinen stärksten Beugungsgrad bei dem Übergang von der Zugphase zur Druckphase. Die Beugung im Ellenbogengelenk beträgt in dieser Phase des Zuges etwa 90 – 120 Grad.

Die Hand berührt die gedachte Körpermittellinie.

An dieser Stelle ist ein sehr großer Krafteinsatz möglich, und es erfolgt der Übergang zur Druckphase, die möglichst weit nach hinten gebracht wird, so daß die Hand erst hinter der Schwimmhose, am Oberschenkel, das Wasser **Nicht** verläßt. Der Ellenbogen verläßt etwas vor der Hand das Wasser. In dem **Schleudern** Moment, wo die Hand das Wasser verläßt, beginnt die Schwungphase, und der Arm schwingt in einer entspannten aber doch kontrollierten (kein Schleudern) Bewegung nach vorne zum Eintauchpunkt.

In der Luft und auch während des gesamten Unterwasserzuges ist der Ellenbogen immer höher als die Hand. In der Schwungphase wird dadurch die seitliche Abweichung des Körpers vermieden bzw. reduziert, und im Armzug wird auf diese Weise sichergestellt, daß die Hand »am Wasser« ist

Im Freistilschwimmen: Seitenlage mit Blick in die Achsel, entspannter und gebeugter Arm, Einatmen nahezu unter der »normalen« Wasseroberfläche.

und somit eine große Abdruckfläche bzw. »Andruckfläche« zur Verfügung steht.

Ruhiges Wasser

Durch den »S-förmigen« Armzug findet die Hand immer wieder ruhiges, noch nicht beschleunigtes Wasser vor, an dem der Abdruck größer ist als an einer Wasserfläche, die sich ohnehin schon durch den Druck der Hand nach hinten bewegt. Während des Zuges führt die Hand den Arm, ohne daß es zu einer Verkrampfung der unmittelbar beteiligten Gelenke kommt, die im Verlaufe des Zuges in der Reihenfolge Handgelenk — Ellenbogengelenk — Schultergelenk »abgerufen« werden.

Die Ablösung

Ein besonderes Augenmerk sollte auf die »Ablösung« der Arme gelegt werden.

Die rechte Hand taucht in dem Moment ins Wasser ein, wo sich die linke Hand etwa mitten in der Zugphase befindet, auf jeden Fall vor Beginn der Druckphase und nach dem eigentlichen Zugansatz (Wasserfassen).

Das Wasserfassen, der eigentliche Zugbeginn, erfolgt, wenn die Hand des Gegenarmes in Kopfhöhe oder etwas davor ist, also in der zweiten Hälfte der Schwungphase.

Hier gibt es individuelle Spielräume, die von der Länge der Schwimmstrecke, den Hebelverhältnissen, der Qualität der Beinarbeit, der Effektivität jedes Zuges und weiteren Faktoren abhängig sind.

Die Beinarbeit

Die Beinarbeit erfolgt wechselseitig (alternierend). Erreicht der eine Fuß den unteren Umkehrpunkt (Abwärtsschlag), befindet sich der andere Fuß im oberen Umkehrpunkt (Aufwärtsschlag).

Heruntergelaufen?

Der Beinschlag läuft die Gelenke herunter in der Reihenfolge Hüfte — Knie — Fuß.

Im Abwärtsschlag liegt eine besondere Betonung. Der Fuß hat den unteren Umkehrpunkt erst dann erreicht, wenn das Bein völlig gestreckt ist.

Der Aufwärtsschlag wird mit dem Oberschenkel eingeleitet, so daß das Bein im ersten Teil des Aufwärtsschlages immer noch gestreckt bleibt, was vielen Aktiven Schwierigkeiten bereitet. Zum oberen Umkehrpunkt hin nimmt die Beugung im Kniegelenk zu. Während sich der Unterschenkel und damit auch noch der Fuß zum oberen Umkehrpunkt hinbewegt, leitet der Oberschenkel (aus der Hüfte) schon wieder den nächsten Abwärtsschlag ein.

Amplitude

Der Weg zwischen dem oberen und unteren Umkehrpunkt wird als Amplitude bezeichnet.

In den Abwärtschlag wird eine sehr starke Beschleunigung hineingebracht.

Lockerer Fuß

Von besonderer Bedeutung ist ein lockeres Fußgelenk. Nicht nur deshalb, damit sich der Fuß besser an das Wasser »anstellen« kann (er dreht sich nach innen während des Abwärtsschlages), sondern auch deshalb, weil ein »festes« Fußgelenk sowohl das Kniegelenk als auch das Hüftgelenk in seiner erforderlichen lockeren Bewegungsfreiheit behindert.

Atmung

Gehen wir von der »Zweieratmung« aus, die nach wie vor den Regelfall darstellt.

Die Ausatmung, wie immer beim Schwimmen duch Mund und Nase, erstreckt sich praktisch über einen kompletten Unterwasserarmzug.

Mit dem »Wasserfassen« wird die Ausatmung eingeleitet, die sich dann im Laufe des Zuges (wie der Armzug selbst) progressiv fortsetzt.

Verläßt die Hand das Wasser, ist die Ausatmung beendet. Die Zeit zum Einatmen ist recht kurz. Sie beginnt in dem Moment, wo die Hand das Wasser verläßt, und ist beendet, wenn die Hand in Kopfhöhe ankommt.

Kleine Pause

Die Einatmung erfolgt (wie immer) nur durch den Mund. Für die Zeit, wo die Hand den Kopf passiert, bis hin zum nächsten Zugansatz, ist eine kleine »Atempause«.

Eine große negative Auswirkung auf die Schwimmlage, auch auf den gesamten Bewegungsablauf, kann eine falsche Kopfsteuerung in Verbindung mit der Atmung haben.

Kontrollpunkt

Mit Beginn der Druckphase wird die seitliche Drehung des Kopfes zur Einatmung schon eingeleitet. Die seitliche Drehung ist beendet, wenn die Hand das Wasser verläßt, wobei als Kontrollpunkt ein Auge am Wasser bleibt (bei Linksatmung z.B. das rechte Auge und umgekehrt).

Schwingt die Hand am Kopf vorbei, wird dieser wieder in die Ausgangslage zurückgedreht, die er mit dem Eintauchen der Hand erreicht.

Nun kann der Kopf durchaus minimal etwas über die gedachte Mittellinie zur Gegenseite hinübergedreht werden, was die Rollbewegung des gesamten Körpers etwas unterstützt. Bei richtiger Kopfhaltung und -steuerung entsteht vor dem Kopf eine Bugwelle. Im Tal dieser Bugwelle wird eingeatmet. Bezogen auf die sonst ruhige Wasseroberfläche, könnte man beinahe sagen, daß die Krauler »unter Wasser« einatmen.

Koordination

Ein kompletter Zyklus beim Kraulschwimmen besteht in den meisten Fällen aus:
- zwei Armzügen
- sechs Beinschlägen
- 1 x Ausatmen
- 1 x Einatmen

Bei der Zuordnung der Anzahl der Beinschläge treten zwischen Sprintern und Langstrecklern durchaus Variationen auf. Die Sprinter schwimmen praktisch alle den »klassischen« Sechserschlag, hingegen sind auf den Langstrecken vom Zweier- bis zum Sechserschlag alle Varianten vorzufinden. In der Gesamtbewegung rollt der Körper um seine Längsachse, was nicht mit dem nachteiligen »Wälzen« zu verwechseln ist.

Das Rollen erfüllt diese Funktionen:
- die Arme kommen im Verlaufe des Zuges in einen günstigeren Arbeitswinkel, wodurch ein wirksamer Krafteinsatz möglich ist.
- die Atmung wird erleichtert
- das Vorschwingen des »Luftarmes« (Schwungphase) erfolgt gegen geringeren Widerstand, da die Schulter völlig frei wird vom Wasser und die seitlichen Abweichungen kleiner bleiben.

Bewegungsablauf im Kraulschwimmen
(nach Counsilman)

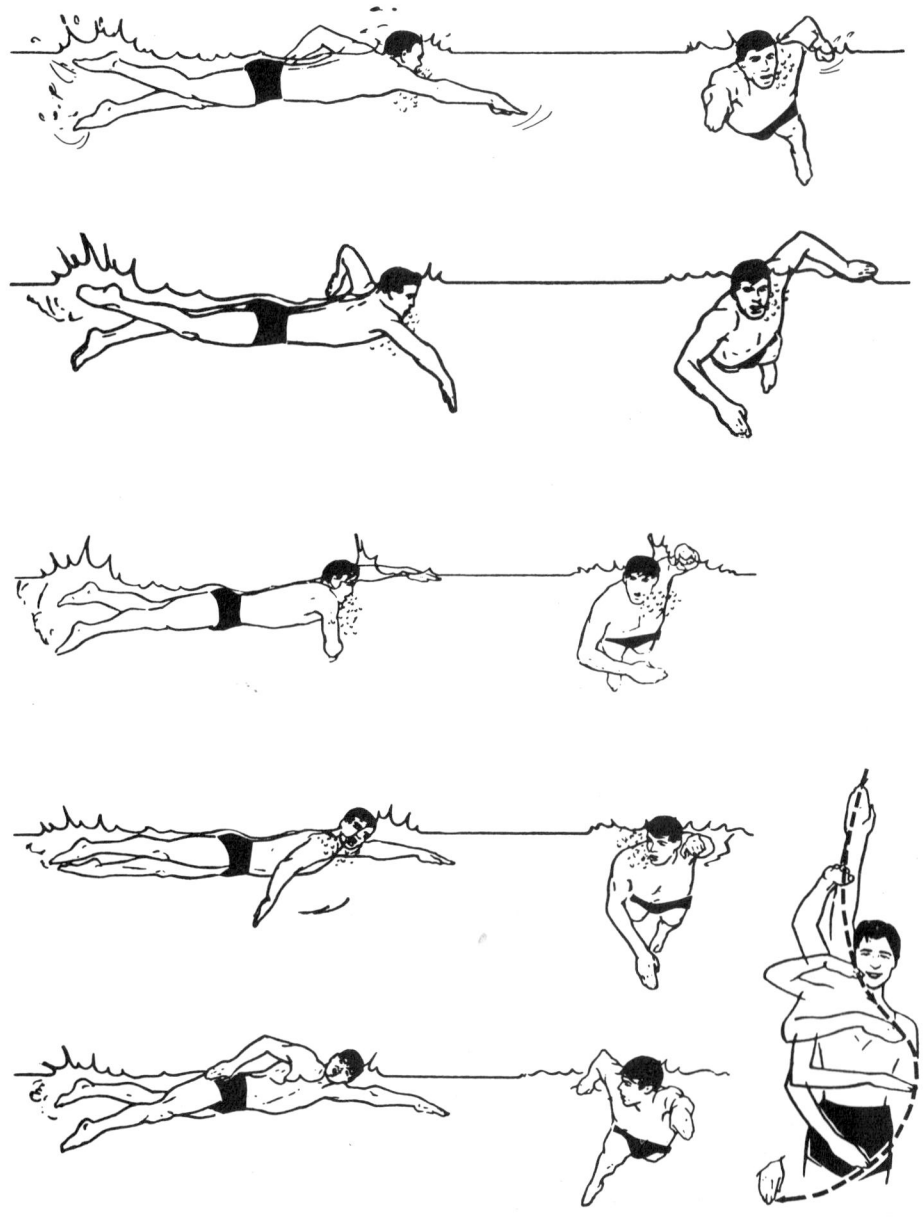

12.2. Das Delphinschwimmen

Kurzfasssung: Beide Arme ziehen gleichzeitig durch das Wasser und werden gleichzeitig über Wasser nach vorne zum Eintauchpunkt geschwungen. Die Beine schlagen dazu parallel auf und ab. Der Kopf wir zum Einatmen in der Druckphase angehoben.

Der Armzug

Wie in allen Schwimmarten haben wir auch hier die Zug-, Schwung- und Druckphase.

Die Hände tauchen in Verlängerung der Schulter, oder ein klein wenig weiter innen, möglichst mit dem Daumen (leicht diagonale Haltung) zuerst, in das Wasser ein.

Schlüsselloch Das Zugmuster, das die Hände beschreiben, entspricht einem Schlüssellochmuster.

Der Zugverlauf ist also zunächst auswärts, dann einwärts und wieder auswärts gerichtet.

Der erste Auswärtsbogen ist größer als der zweite, an dessen Ende die Hände am Oberschenkel das Wasser verlassen. Beim Übergang von der Zug- zur Druckphase berühren sich die Fingerspitzen beider Hände beinahe unter dem Körper, der Abstand beträgt ca. 5 – 20 cm.

Starke Druckphase Eine vollständige und stark betonte Druckphase ist beim Delphinschwimmen außerordentlich wichtig, da sonst das Vorschwingen der Arme nur mit einem zusätzlichen Kraftimpuls möglich ist, was einen höheren Energieverschleiß zur Folge hat.

Lockeres und entspanntes Vorschwingen ist nur durch eine saubere Unterwasserarbeit zu gewährleisten.

Beim Vorschwingen sollen die Arme nicht zu hoch aus dem Wasser genommen werden, da dieses ein Absinken der Schwimmlage zur Folge hat.

Frei werden Es ist jedoch darauf zu achten, daß die Schultern in der Schwungphase vollständig vom Wasser frei werden, um den Widerstand gering zu halten.

Die Beinarbeit

Entsprechend Vom mechanischen Ablauf her entspricht der Delphinbeinschlag genau dem des Kraulschwimmens mit dem Unterschied, daß beide Beine gleichzeitig die Auf- und Abwärtsbewegungen durchführen.

Auf eine parallele Fußhaltung ist nicht nur wegen des Reglements zu achten, bei versetzter Fußhaltung verliert der Delphinbeinschlag auch an Wirkung.

Durch das gleichzeitige Auf- und Abschlagen der Beine kommt es auch zu einer Auf- und Abbewegung der Hüfte. Diese Aktion darf nicht noch zusätzlich durch aktives Anheben und Fallenlassen der Hüfte unterstützt werden. Auch hier gilt, daß der Beinschlag aus (aber nicht mit) der Hüfte »herunterläuft«: in der Folge Hüfte – Knie – Fuß. Im Abwärtsschlag drehen sich die Füße einwärts, was sich bei lockerer Fußhaltung automatisch ergibt.

Atmung

Zur Einatmung wird der Kopf aktiv angehoben, wobei auch im höchsten Punkt das Kinn möglichst noch am Wasser bleiben soll.

Die Einleitung dieses Anhebens erfolgt schon kurz nach Beginn der Zugphase.

Im höchsten Punkt

Die Einatmung liegt in dem Moment, wo die Schultern (und damit der Kopf) den höchsten Punkt erreicht haben, also in der Druckphase.

Die Beine schlagen in diesem Moment abwärts und unterstützen auf diese Weise die Einatmungsphase.

Flache Lage

Das aktive Anheben des Kopfes unterstützt das Beibehalten einer möglichst flachen Schwimmlage auch während der Einatmung.

Mit dem Vorschwingen der Arme über Wasser zum Eintauchpunkt wird der Kopf ohne ruckartige Bewegung auf das Wasser gelegt und befindet sich damit in der Ausgangslage. Ein zu tiefes Absinken des Kopfes (Hineinstecken in das Wasser) sollte vermieden werden.

Bewegungsablauf im Schmetterlingsschwimmen

Schmetterlingsschwimmen: mit hoher Ellbogenhaltung wird aus- und seitwärts mit dem Doppelzug der Arme begonnen.

Koordination

Auf einen kompletten Armzug kommen zwei Beinschläge. Der erste Abwärtsschlag beginnt mit dem Eintauchen der Arme in das Wasser, der zweite Beinschlag liegt in der Druckphase.

Wer ist stärker? Der zweite Schlag ist sehr häufig etwas stärker als der erste, droht allerdings bei aufkommender Ermüdung eher nachzulassen als der erste Schlag.

Nachlassende Beinarbeit führt sehr leicht zu einem steileren Anstellwinkel, was eine Reihe von Schwierigkeiten gerade beim Delphinschwimmen auslöst. Beide Beinschläge sollten bestens geschult und beherrscht werden.

Doppelzug Eingeatmet wird grundsätzlich mit jedem zweiten Armzug, Doppelzug oder auch Zweierzug genannt.

Der Einerzug fördert eine vermehrte Auf- und Abbewegung des Körpers und erscheint von daher weniger geeignet und sollte als (Atem-)»Notlösung« angesehen werden.

12.3. Das Rückenschwimmen

Kurzfassung: Der Körper befindet sich in der Rückenlage. Die Arme werden wechselseitig durch das Wasser gezogen und über Wasser zum Eintauchpunkt geschwungen. Die Beine schlagen wechselseitig auf und ab. Pro Zyklus wird einmal aus- und eingeatmet.

Der Armzug

Der Arm taucht in Verlängerung der Schulter in das Wasser ein und ist dabei möglichst gestreckt. In einer Wassertiefe von etwa 30 cm setzt erst der eigent-

Wasser fassen liche Armzug ein, und es wird versucht, mit der Hand das Wasser zu fassen.

Der Zugverlauf der Hand ist zunächst abwärts gerichtet (erste Hälfte der Zugphase), dann aufwärts (zweite Hälfte der Zugphase) und anschließend wieder abwärts gerichtet (Druckphase).

Im Verlaufe des Armzuges verändert sich der Beugungsgrad im Ellenbogengelenk.
Bis zum Zugansatz ist der Arm noch gestreckt. Im Verlauf der Zugphase nimmt die Beugung zu und ist am stärksten beim Übergang von der Zug- zur Druckphase, wo die Hand dicht unter die Wasseroberfläche kommt.

Ellenbogen einholen Etwa an dieser Stelle holt die Hand, die den Armzug führt, den Ellenbogen ein und beginnt nun in Richtung Oberschenkel und Beckenboden zu drücken, bis der Arm wieder ganz gestreckt ist und die Hand deutlich tiefer als der Oberschenkel liegt.

Der Zugverlauf ist progressiv, es erfolgt also ein starker Enddruck.

Ein Impuls Der Rückschwung des Armes, die Schwungphase, wird aus der Schulter eingeleitet. Nach Beendigung der Druckphase löst sich der Wasserdruck in der Hand, die Schulter wird mit einem leichten Impuls angehoben und der in sich entspannte Arm wird gewissermaßen hinterhergeschwungen. Das Anschwingen aus der Schulter heraus erleichtert die Ausführung der gesamten Schwungphase, es begünstigt die Rollbewegung und erlaubt trotz nahezu gestreckten Schwungarmes eine lockere »Rückführung«.

Entgegengesetzt   Beim Rückenschwimmen arbeiten beide Arme immer exakt um praktisch 180 Grad entgegengesetzt. Taucht z.b. der rechte Arm in das Wasser ein, beginnt der linke Arm mit dem ersten Teil der Schwungphase, wobei die Hand noch unter Wasser ist. Genau in »der Mitte« vom Zyklus »begegnen« sich die Arme. Der rechte Arm hat in diesem Moment seine stärkste Beugung (Übergang von der Zug- zur Druckphase) und der linke Arm erreicht den höchsten Punkt der Schwungphase, wo der Arm fast oder ganz gestreckt ist (schwierig für Anfänger). Mit dem Eintauchen der linken Hand wiederholt sich der eben beschriebene Ablauf.

Diese synchrone Ablösung muß »auf links« genauso gut funktionieren wie »auf rechts«, anderenfalls treten rhythmische Störungen auf, die immer nur mit einem unökonomischen Aufwand zu kompensieren sind.

Rhythmus-gefühl   Gute Rückenschwimmmer sind auf ein ausgeprägtes Rhythmusgefühl angewiesen.

Wie schon erwähnt, rollt auch der Rückenschwimmer um seine Längsachse. Diese Rollbewegung muß zu beiden Seiten gleich stark sein.

Der gesamte Körper macht die Rollbewegungen mit, bis auf den Kopf, der ständig ruhig vom Wasser getragen wird.

Luftblasen?   Das richtige Ausmaß der Rollbewegung bringt den ziehenden Arm in einen günstigeren Arbeitswinkel, es verhindert, daß die Hand beim Übergang von der Zug- zur Druckphase Luftblasen hereinholt, die die Effektivität der Druckphase deutlich mindern.

Wer mit Luftblasen auf der Hand schwimmt, findet niemals optimalen Kontakt zum Wasser.

Das Zugmuster der Hand entspricht im gesamten Unterwasserteil einem liegenden »S«.
Die Hand bewegt sich dabei in dieser Folge: abwärts – aufwärts – abwärts: der Arm ist bei Zugbinn gestreckt, im mittlerm Teil des Zuges am stärksten gebeugt (90 – 120 Grad) und am Ende wieder gestreckt.

Lockere Hand   In der Schwungphase ist der Arm ständig nahezu gestreckt, das Handgelenk kann und sollte jedoch ganz locker sein, was die Spannung aus dem Arm nimmt und einen lockeren »Schwung « (Schwungphase) erleichtert.

Rückenkraulschwimmen: entspannt und gestreckt wird der Arm über Wasser wieder in die Ausgangsposition gebracht.

Bewegungsablauf im Rückenkraulschwimmen

Der Beinschlag

Von der Bewegungstechnik her entspricht der Rückenkraulbeinschlag praktisch genau dem des Kraulschwimmen mit dem Unterschied, daß in einer anderen Lage geschwommen wird.

Für die Beine ergibt sich im Gegensatz zu Kraulbeinschlag eine anderer »Arbeitswinkel«, der aus der tieferen Hüftlage resultiert.

»Kneifer«! (?) Dieses ist auch der Hauptgrund, warum viele Rückenschwimmer in der Beinarbeit »kneifen« und lieber Kraulbeine am Brett schwimmen.

Im Rückenkraulbeinschlag liegt die Betonung im Aufwärtsschlag, in den eine besonders starke Beschleunigung hineingelegt wird.

Der Schaumberg Im oberen Umkehrpunkt durchbrechen die Zehen ein wenig die Wasseroberfläche, und über den Füßen muß ständig ein voller Schaumberg zu sehen sein (auch vom Schwimmer selbst).

Die Knie dürfen in ihrem oberen Umkehrpunkt die Wasserfläche zwar erreichen, aber nicht durchbrechen.

Der Fuß dreht sich im Aufwärtsschlag nach innen, was nicht das Ergebnis aktiver Steuerung, sondern das Resultat einer lockeren Fußhaltung sein soll.

Für den Rückenkraulbeinschlag gilt (wie für Kraul und Delphin), daß der Hauptwasserdruck im eigentlichen Hauptschlag, bei Rückenkraul im Aufwärtsschlag, immer auf dem Fußspann liegen soll.

Wasser fühlen Ein guter Beinschlagschwimmer fühlt das Wasser auch mit den Füßen.

Die Atmung

Zweierzug Auf zwei Armzüge wird ein- und ausgeatmet.
Zur leichteren Kontrolle sollte auch der Rückenschwimmer einen »Atemarm« haben, über den er seinen Atemrhythmus kontrolliert. In den meisten Fällen ist es der gleiche Arm, zu dem man auch beim Kraulschwimmen einatmet, was das Erlernen des Zweierzuges beim Rückenschwimmen zumeist erleichtert.

Davon ausgehend, daß der rechte Arm nun der »Atemarm« ist, so vollzieht sich die Einatmung während der Schwungphase und die Ausatmung während des Unterwasserzuges.

In den hier genannten Zeiträumen sind Variationen möglich. Wie diese im einzelnen auch immer aussehen mögen, es ist von Beginn an sicherzustellen, daß im Zweierzug geschwommen wird (wer schwimmt bei Kraul schon Einer-
Einerzug? zug?). Im Einerzug, der immer noch oft zu beobachten ist und sich leicht einschleicht, wird einfach zu wenig Sauerstoff aufgenommen, was in jedem Falle mit einer früheren Ermüdung des Organismus und der Muskeln beantwortet wird.

Über den Einerzug neigen viele auch dazu, mit einer unverhältnismäßig hohen Zugfrequenz zu schwimmen.

Die Koordination

Auf zwei Armzüge kommen sechs Beinschläge.

Pro Zyklus (2 Armschläge und sechs Beinschläge) wird ein- und ausgeatmet. (Zweierzug.)

Der Körper rollt um seine Längsachse mit Ausnahme des Kopfes.

12.4. Das Brustschwimmen

Kurzfassung: Die Bewegungsabläufe beider Arme und beider Beine sind genau symmetrisch. Die Arme werden aus der Streckung nach außen geöffnet und in einer starken Druckphase, mit den Händen zuerst, nach innen gedrückt. Von hier aus werden die Arme nach vorn in die Ausgangslage geschoben. Die Beine werden gleichmäßig mit den Hacken in Richtung Gesäß angeschwungen und zugleich mit der Endstreckung der Arme von hier aus nach hinten geschlagen.

Zur Einatmung wird der Kopf angehoben. Die Einatmung erfolgt, wenn der Oberkörper seinen höchsten Punkt erreicht.

Der Armzug

In der Ausgangslage sind die Arme nach vorn vollständig durchgestreckt. Der Armzug beginnt mit dem Öffnen der Arme seitlich nach außen. Hierbei zeigen die Handinnenflächen diagonal nach außen. Im ersten Teil des »Öffnens« bleiben die Hände sehr dicht an der Wasseroberfläche, wobei sich allerdings über den Händen keine Welle (weglaufendes Wasser) aufbauen soll.

Zugführer Im weiteren Verlauf der Zugphase geht die Zugrichtung der Hände (die den Armzug führen) etwas weiter abwärts. Kurz vor dem weitesten Öffnungswinkel (ca. 60 Grad) werden die Ellenbogen ein wenig gebeugt, und es beginnt das Umsetzen zur Druckphase.

Druck verloren? Diese Umkehrbewegung ist eine ganz wesentliche Phase (wie jeder unmittelbare Richtungswechsel im Verlauf eines Armzuges) im Brustarmzug. An dieser Stelle geht vielen Schwimmern der Druck in der Hand verloren, weil der Anstellwinkel der Hände zum Wasser nicht mehr optimal ist. Häufig geht an dieser Stelle zu sehr der »Daumen« voraus, und die Druckphase »rutscht« auf diese Weise weg.

Bei der Umkehrbewegung von der Zug- zur Druckphase kommt es darauf an, daß die Handinnenflächen unter Beibehaltung des Wasserdrucks in den Händen in der Einwärtsbewegung aufeinanderzuzeigen. Der Ellenbogen ist in dieser Phase deutlich höher als die Hand. In der Druckphase ist der Richtungsverlauf der Hände grob beschrieben, fogendermaßen: einwärts – abwärts – aufwärts.

Schwungphase? Am Ende der Druckphase, die mit großem Krafteinsatz und starker Beschleunigung ausgeführt wird, kommen die Hände vor dem Kinn dicht unter die Wasseroberfläche (unter und vor das Kinn), um dann im widerstandsarmen Oberflächenwasser nach vorne zur Ausgangslage gebracht zu werden, was bei den anderen Schwimmtechniken der Schwungphase gleichkommt. Beim Brustschwimmen ist diese Bezeichnung nicht ganz angebracht.

In der Druckphase drücken zuerst die Hände von außen nach innen. Die Ellenbogen folgen dieser Bewegungsrichtung und werden so weit nach innen gedrückt, daß sie sich vor Beginn des Vorschubes der Arme jeweils genau unter der Schulter befinden.

Damit ist nicht nur eine verstärkte Druckphase gesichert. Der Voschub der Arme zum nächsten Zugansatz erfolgt dadurch auch gegen einen geringen Widerstand, als wenn die Ellenbogen weit oder weniger weit »draußen« bleiben würden.

Das »Randrücken« der Ellenbogen bis unter die Schulter (der Ellenbogen »steht« senkrecht unter dem Schultergelenk) erhöht also die Vortriebswirkung und vermindert in der nächsten Phase den Widerstand.

Kein Rucken Im Vorschub der Arme darf es keine weitere Beschleunigung oder eine ruckartige Bewegung geben.

Diese Phase des Armzuges wird auch als »Lösen« bezeichnet, da der Druck und ein großer Teil der Spannung aus den Armen genommen wird, die bei aller Entspannung aber doch weit nach vorne bis zur Streckung und damit bis zum nächsten Zugansatz gebracht werden.

Der Beinschlag

Hacken holen In der Ausgangslage sind die Beine gestreckt, und die Füße liegen aneinander. Von hier aus werden die Füße dicht unter der Wasseroberfläche soweit wie möglich in Richtung Gesäß angeschwungen (Hacken in Richtung Gesäß). Hierbei liegen die Füße dicht aneinander, sie sollen zumindest nicht über die Hüftbreite hinaus geöffnet werden.

Nach dem Anschwingen erfolgt die eigentliche Schlagbewegung. Der Bewegungsverlauf der Füße ist im ersten Teil des »Schlages« auswärts – rückwärts gerichtet. Beim »Umstellen« vom Anschwingen zur Schlagbewegung sollen sich die Füße mit einer möglichst großen Abdruckfläche an das Wasser »stellen« und zwar mit der Innenseite der Füße.

Gut angestellt? Dieses »Anstellen« der Füße wird durch eine lockere Fußhaltung begünstigt, die Qualität des Anstellens (Anbieten einer großen Abdruckfläche am Wasser) wird beeinflußt durch die Beweglichkeit und Dehnfähigkeit im Fußgelenk bzw. in der Ferse.

Der weitere Bewegungsverlauf der Füße ist dann, nachdem die Füße den äußeren Punkt ihrer Bewegungsbahn erreicht haben, rückwärts – einwärts – abwärts gerichtet.

Am Ende des Beinschlages berühren sich die Füße, die Beine sind praktisch gestreckt, und die Füße werden zum nächsten Anschwingen dicht unter die Wasseroberfläche gebracht.

Locker schwingen – kräftig schlagen Das Anschwingen der Beine erfolgt ohne besonderen Kraftaufwand (lockeres Anschwingen), in den eigentlichen Schlag wird eine sehr starke Beschleunigung hineingelegt.

In der Phase des Anschwingens soll der Frontalwiderstand so gering wie möglich gehalten werden.

Bewegungsablauf im Brustschwimmen

Die Atmung

Beim Brustschwimmen wird auf jeden Zyklus einmal ein- und ausgeatmet.

Beim Einatmen wird der Kopf aktiv mit angehoben. Der Moment des Einatmens liegt im letzten Teil der Druckphase, wo der Oberkörper ohnehin seinen höchsten Punkt erreicht.

Das Anheben des Kopfes darf nicht ruckartig erfolgen, es wird schon in der Zugphase eingeleitet.

Getaucht?

Mit dem Vorschub der Arme wird das Gesicht, natürlich auch hier ohne zu rucken, so auf das Wasser gelegt, daß eine flache Schwimmlage entsteht, ohne daß der Kopf unter die Wasseroberfläche »taucht«.

In der Zugphase beginnt die Ausatmung, die zu Beginn der Druckphase (Einwärtsbewegung der Arme) an Intensität zunimmt und mit einer starken »Endausatmung«, unmittelbar vor der Einatmung, abgeschlossen wird. Auch hier sei noch einmal darauf hingewiesen, daß in allen Schwimmarten die Einatmung nur durch den Mund und die Ausatmung durch Mund und Nase gleichzeitig erfolgt.

Koordination

Eins zu Eins

Auf einen Armzug kommt ein Beinschlag, und pro Zyklus wird einmal ein- und ausgeatmet.

Der eigentliche Beinschlag (Abdruck) setzt ein, bevor die Arme vorne die Endstreckung erreichen.

Das Gesicht liegt in diesem Moment schon fast vollständig auf dem Wasser, und die Schwimmlage ist relativ flach, was die Wirkung des Beinschlages fördert.

Das Anschwingen der Beine beginnt etwa beim Übergang von der Zug- zur Druckphase. Der Schwimmer kann sich jedoch besser auf den Einsatz des »Schlages« konzentrieren. Kommt dieser richtig, stimmt der Zeitpunkt des Anschwingens der Beine zumeist automatisch.

Die Ablösung

Beim Brustschwimmen haben wir es also fast mit einer exakten Ablösung von Armzug und Bein**schlag** zu tun. Erst der Armzug, dann der Beinschlag.

Der Armzug verliert seine erzeugte Vortriebswirkung im Vorschub (Streckung nach vorne), und der Beinschlag übernimmt die Vortriebserzeugung.

Bei guter Ablösung halten sich die ohnehin großen Geschwindigkeitsschwankungen innerhalb des Zyklus beim Brustschwimmen in Grenzen.

Ist dieser Rhythmus nur geringfügig gestört, hat dieses unter Wettkampfbedingungen deutlich spürbare Auswirkungen auf das Resultat.

Die Koordination der Atmung wurde zuvor bereits besprochen.

Gut beschleunigt?

Im Brustschwimmen ist es außerordentlich schwierig, innerhalb der einzelnen Abläufe Arme-Beine-Atmung sowie innerhalb der untereinander zu koordinierenden Bewegungsabläufe die richtige Reihenfolge und Ablösung einzuhalten; vor allem das Einsetzen der unterschiedlichen Beschleunigungen von Arm- und Beinarbeit, was den zeitlichen Einsatz und die Intensität angeht, muß immer wieder geschult werden und fällt auch den Spitzenkönnern nicht in den Schoß.

13. Übungen zur Verbesserung der Schwimmlage

Vor-bemerkungen

Übungen zur Verbesserung der Schwimmlage sollten sich nicht nur auf eine Schwimmtechnik beschränken. Sie müssen auch nicht unbedingt in der Gesamtbewegung (komplett) ausgeführt werden.

Insbesondere mit der Beinarbeit lassen sich sehr gute Effekte erzielen, die mit dem Einsatz von Schwimmflossen teilweise noch gesteigert werden können.

Zur besseren Übersicht werde ich alle Übungen durchnumerieren.

Die Beschreibung der Übungen erfolgt in der direkten Anrede so, als ob fortgeschrittene Schwimmer(innen) angesprochen werden.

Bei manchen Übungen werden bewußt »falsche« Bewegungsausführungen verlangt. Manchmal sind nur über Extremübungen (und auch Extremkorrekturen) eingefahrene Bewegungsmuster »zu knacken«.

Wer mit einigen Beispielen nicht einverstanden ist, läßt diese in der eigenen Praxis heraus.
Dieser »Übungskatalog« ist ohnehin nicht vollständig, manche Übung läßt sich noch weiter differenzieren, als es hier teilweise erfolgt.
Von »spontanen Eingaben« am Beckenrand ganz zu schweigen, in der praktischen Arbeit wird nie »nur« Buchwissen vermittelt.

13.1. Übungen zur Verbesserung der Schwimmlage im Kraulschwimmen

In der Gesamtbewegung:

1. »Lege Dein Kinn auf das Wasser, versuche dabei die Hüfte nach unten zu drücken und schwimme mit einem hohen Beinschlag, der Kopf bleibt möglichst ruhig liegen.«

Variationen zu Übung Nr. 1:

2. »Halte den Mund am Wasser ....«

3. »Halte die Nase an das Wasser ....«

4. »Halte die Augen an das Wasser ....«

5. »Halte die Stirn an das Wasser ....«

6. »Variiere die Kopfhaltung während des Schwimmens ....«

7. »Stecke Deinen Kopf so tief in das Wasser, daß Du die eigenen Füße sehen kannst. Hebe den Kopf während des Schwimmens allmählich an, bis Du das Gefühl hast, der Kopf wird gut vom Wasser getragen. Wiederhole diesen Vorgang mehrmals pro Bahn.«

8. »Schwimme zu Beginn mit eingeknickter Hüfte, hebe also Dein Gesäß aus dem Wasser, und drücke es dann nach und nach in das Wasser hinein. Wiederhole diesen Vorgang mehrmals pro Bahn.«

9. »Versuche vorne höher zu liegen ohne Veränderung der Kopfhaltung. Mache dich dabei ganz leicht, und schwimme mit dem Bestreben, als ob Du über das Wasser hinweggleiten möchtest.«

10. »Mache Dich beim Schwimmen ganz schlank, indem Du in der Schwungphase mit dem Daumen ständig seitlich am Körper entlangschleifst, in Verbindung mit einer niedrigen Zugzahl.«

11. »Schwimme vorne mit den Armen fast auf Ablösung, strecke den eingetauchten Arm besonders weit nach vorne, und hebe ihn dabei ein wenig aus dem Wasser heraus. Achte darauf, daß der Beinschlag oben und die Hüfte unten bleibt.«

12. »Schwimme mit den Armen zweimal links und zweimal rechts. Überstrecke jeweils im zweiten Armzug den vorderen Arm nach vorne, und schiebe mit dem anderen Arm gleichzeitig die Druckphase sehr weit nach hinten.«

13. »Schwinge den Arm so nach vorne, daß die Fingerspitzen dabei Wasserkontakt behalten, mache also eine Schleifübung.«

Rollbewegung

Die nächsten Übungen dienen dem Zweck, die Rollbewegung beim Kraulschwimmen zu fördern, die mit zur Schwimmlage zählt.

14. »Schwimmen im Einerzug (einatmen auf jeden Armzug), rolle dabei sehr stark von einer Seite auf die andere, unter Einbeziehung des gesamten Körpers: mache diese Übung mit niedriger Zugzahl« (fast auf Ablösung).

15. »Lege den einen Arm weit gestreckt nach vorne und den anderen Arm nach hinten (Hand am Oberschenkel). Schwimme Kraulbeinschlag in der Seitenlage, und wechsele dann alle 2-3 m die Seite, indem du den vornliegenden Arm über Wasser nach vorne schwingst. Bringe nach jedem Seitenwechsel den vorderen und den hinteren Arm auf volle Streckung; achte auf einen flüssigen Seitenwechsel.«

16. »Mache mit jedem Armzug eine halbe Drehung um die Längsachse, immer in der gleichen Richtung. Rolle also mit einem Armzug von der Bauch- in die Rückenlage und mit dem nächsten Armzug von der Rückenlage zurück in die Bauchlage, usw. Du rollst also ständig um Deine Längsachse herum.«

Übungen in der Beinarbeit am Brett

Beinarbeit am Brett

17. »Fasse das Brett mit beiden Händen am untersten Ende, und lasse das Brett während der Beinarbeit ganz flach auf dem Wasser schwimmen.«

18. »Fasse das Brett am untersten Ende (Daumen von unten, Finger von oben) mit beiden Händen und stelle es senkrecht in die Luft: wähle auch mal andere Anstellwinkel.«

19. »Lege Dich so auf die rechte Seite, daß die linke Schulter ganz frei wird vom Wasser. Fasse das Brett mit der rechten Hand (unterer Arm) am unteren Ende. Die linke Hand liegt auf dem Oberschenkel. Wechsele

während der Beinarbeit die Lage von rechts nach links, indem Du zuerst den hinteren (linken) Arm über Wasser nach vorne bringst. Sowie die linke Hand das Brett zu fassen bekommt, ziehst Du den vorderen (rechten) Arm unter Wasser nach hinten. Mache das gleiche auch umgekehrt und wechsele die Lage alle paar Meter.«

20. »Halte das Brett so, daß es keinen Wasserkontakt bekommt. Variiere die Halteweise.«

21. »Lege das Brett über Dein Gesäß und halte es mit nach hinten ausgestreckten Armen am unteren Ende fest. Das Kinn legst Du genau auf die Wasseroberfläche. Die Kopfhaltung kannst Du auch variieren (höher und tiefer).«

22. »Fasse mit beiden Händen vorne über das Brett. Die Arme liegen auf dem Brett und sind völlig gestreckt. Das Kinn liegt an der Wasseroberfläche, und Du versuchst, mit langen Beinen schlagend, das Wasser mit den Füßen von unten aufzuwühlen.«

23. »Halte das Schwimmbrett während der Beinarbeit auf unterschiedliche Art und Weise fest (unten, oben, in der Mitte, von außen, von unten, Brett quer, Brett umgekehrt, usw.)«

24. »Schwimme mit unterschiedlich starkem Druck auf das Schwimmbrett, lasse aber immer die Hüfte im Wasser.«

25. »Schwimme, mit einer Hand am Brett, in der Seitenlage; hebe dabei den freien Arm senkrecht hoch. Wechsele auch mal die Seite.«

Übungen in der Beinarbeit ohne Brett

Beinarbeit ohne Brett

26. »Schwimme mit völlig gestreckten Armen, und schaue dabei über Wasser bei ruhiger Kopfhaltung nach vorne. Schwimme auch mit anderen Kopfhaltungen von normal bis extrem hoch.«

27. »Lege die Hände an die Oberschenkel, lasse das Gesicht möglichst lange auf dem Wasser liegen, und versuche, mit starker Beinarbeit und tiefer Hüfte zu schwimmen.«

Variationen zu Übung Nr. 27:

28. »Lege die Hände auf das Gesäß, ...«

29. »Lege die Hände mit gebeugten Armen auf den Rücken, ...«

30. »Lege die Hände auf den Kopf, ...«

31. »Lege die Arme verschränkt vor den Kopf, ...«

32. »Strecke beide Arme nach vorne, ohne daß die Hände das Wasser berühren, ...«

33. Gleiche Übungen wie bei 27 - 32, jedoch mit unterschiedlicher Kopfhaltung.

34. »Schwimme Kraulbeinschlag in schräger Seitenlage« (ca. 45 Grad) und »schmuse« dabei mit dem Wasser (Lege Deine Wange an das Wasser).«

35. »Schwimme den Beinschlag mit nach vorne gestreckten Armen, und drehe Dich ständig ganz langsam um die Längsachse. Mache auf 25 m ca. zwei komplette Umdrehungen. Knicke nicht in der Hüfte ein, sondern bleibe völlig gestreckt.«

36. »Schwimme in der Seitenlage Kraulbeinschlag, und versuche, so dicht wie möglich am Wasser einzuatmen. Mache diese Übung zu beiden Seiten«.

13.2. Übungen zur Verbesserung der Schwimmlage im Rückenschwimmen

In der Gesamtbewegung:

Gesamtbewegung Rücken

37. »Schwimme so, daß Du Blickkontakt zu Deinen Füßen hast.«

38. »Lege die Ohren genau an das Wasser und höre in die Halle hinein.«

39. »Lege Deinen Kopf ab und zu übertrieben nach hinten (in den Nacken) und fühle, wie sich die Schwimmlage verändert.«

40. »Variiere während des Schwimmens die Höhe der Kopflage, und halte über den Füßen ständig einen Schaumberg.«

41. »Schwimme in der Seitenlage, und lege einen Arm an den Körper mit der Hand am Oberschenkel. Der andere Arm liegt nach oben gestreckt auf dem Wasser. Schwimme mit starker Beinarbeit und wechsele die Seite, indem Du den oberen Arm möglichst dicht am Körper durch das Wasser ziehst, während Du gleichzeitig den am Körper angelegten Arm über Wasser zum Eintauchen bringst. Rolle dabei sehr flüssig von der einen Seite auf die andere, und beziehe auch mal den Kopf in diese Rollbewegung ein.«

42. »Schwimme mit Blickkontakt zu Deinen Knien, die jeweils abwechselnd die Wasseroberfläche erreichen, aber nicht durchstoßen sollen.«

43. »Schwimme im normalen Rhythmus mit übertriebener Rollbewegung.«

Nur Beinarbeit

Beinarbeit Rücken

44. »Schwimme mit beidseitig nach oben gestreckten Armen, lege die Handrücken genau auf die Wasserfläche, die Hände liegen genau parallel, und die Oberarme sind so dicht wie möglich aneinander.«

45. »Gleiche Ausgangslage wie bei der Übung zuvor (44), jedoch mit unterschiedlich hoher Kopfhaltung. Die jeweilige Kopfhaltung für ein paar Meter beibehalten.«

46. »Gleiche Ausgangslage wie bei der Übung zuvor. Hebe beide Arme (gestreckt) langsam aus dem Wasser heraus, bleibe einen Moment in dieser Position, und lege die Arme dann wieder zurück auf das Wasser. Halte dabei den Schaumberg über den Füßen, und hebe die Arme unterschiedlich hoch.«

47. »Lege die Arme an den Körper, Hände am Oberschenkel, und lege das Kinn auf die Brust. Versuche, mit den Füßen einen hohen Schaumberg aufzuwerfen.«

48. »Gleiche Übung wie zuvor, mit unterschiedlich hohen Kopfhaltungen.«

49. »Gleiche Armhaltung wie zuvor. Hebe die Arme einzeln (abwechselnd) oder gleichzeitig unterschiedlich hoch aus dem Wasser. Kontrolliere Deinen Schaumberg über den Füßen.«

50. »Lege einen Arm über den Kopf gestreckt auf das Wasser und den anderen Arm an den Körper, mit der Hand am Oberschenkel. Hebe auch hier mal nur einen und auch mal beide Arme gleichzeitig hoch aus dem Wasser, ohne mit dem Körper abzusinken.«

51. »Schwimme nach dem Abstoß nur mit der Beinarbeit möglichst lange unter Wasser. Die Arme sind dabei völlig gestreckt.«

52. »Gleiche Übung wie zuvor (51), jedoch mit unterschiedlicher Kopf- und (oder) Armhaltung.«

53. »Schwimme den Beinschlag mit beidseitig nach oben gestreckten Armen in der Seitenlage.«

54. »Schwimme den Beinschlag in der schrägen Seitenlage (ca. 45 Grad). Strecke dabei einen Arm nach oben (bei Seitenlage rechts: den rechten Arm) und lege den anderen Arm an den Körper, mit der Hand am Oberschenkel. Halte die obere Schulter (bei Seitenlage rechts ist das die linke Schulter) aus dem Wasser heraus.«

13.3. Übungen zur Verbesserung der Schwimmlage im Brustschwimmen

In der Gesamtbewegung:

Gesamtbewegung 55. »Hebe zu Beginn des Anschwingens der Beine die Füße ein wenig aus dem Wasser. Lasse dabei die Hüfte möglichst weit unten.«

56. »Hebe im Moment der Druckphase den Oberkörper übertrieben hoch aus dem Wasser heraus. Schwinge die Füße trotzdem sehr hoch an, und lasse die Hüfte unten.«

57. »Schaue beim Vorschub und während der Streckung der Arme nach vorne über Wasser in die Schwimmrichtung. Verlängere die Gleitphase, und lasse dabei die Füße (Hacken) ganz dicht an der Wasseroberfläche.«

58. »Gleiche Übung wie zuvor (57) mit unterschiedlich hohen Kopfhaltungen.«

59. »Schwinge die Hacken besonders weit an das Gesäß heran. Achte während des eigentlichen Bein**schlages** auf die Beibehaltung der Streckung im Hüftbereich, und mach Dich in einer verlängerten Gleitphase nach vorn und hinten ganz lang (Streckung von den Fingerspitzen bis zu den Fußspitzen).«

60. »Variiere das Anheben des Oberkörpers durch unterschiedlich starke Betonung der Druckphase. Hebe dabei niemals die Hüfte aktiv mit an, und achte auf hohes Anschwingen der Füße.«

61. »Bringe jeden dritten Armzug bis zum Oberschenkel durch (wie bei dem Tauchzug), mit einer betonten Druckphase. Achte darauf, daß Du während des langen Zuges nicht in der Hüfte nach oben ausweichst. Bringe die Streckung bis in die Fußspitzen, und mache am Ende des langen Zuges, mit den Händen am Oberschenkel, eine Gleitphase.«

Nur Beinarbeit

62. »Lege die Arme nach hinten, die Hände auf dem Gesäß. Versuche am Ende des Anschwingens der Beine, mit den Hacken die Fingerspitzen zu zu berühren. Lasse das Gesicht möglichst lange (für mehrere Beinschläge) auf dem Wasser liegen.«

Variationen dazu:

63. »..............., schwimme mit normalem Atemrhythmus, also mit Kopfsteuerung.«

64. »..............., Lasse das Kinn ständig auf dem Wasser liegen.«

65. »..............., variiere die Höhe der Kopfhaltung.«

66. »Schwimme mit nach vorne durchgestreckten Armen im normalen Atemrhythmus. Achte auf ruhige Kopfbewegungen und Beibehaltung der Armstreckung (der Daumen der einen Hand wird von der anderen Hand festgehalten).«

Variationen dazu:

67. »..........lasse das Gesicht für möglichst viele Beinschläge auf dem Wasser liegen, und achte auf besonders flache Lage.«

68. »..........lasse das Kinn (die Augen, den Mund, die Nase) ständig an der Wasseroberfläche.«

69. »..........schwimme mit ständig variierender Höhe der Kopfhaltung.«

70. »Mache einige Beinschlagübungen am Brett (siehe unter »Kraulschwimmen« die Nummern 17, 18, 20, 21); hierbei versuchst Du, beim Anschwingen der Beine mit den Hacken unter dem Brett entlangzuschleifen (22, 23, 24).«

71. »Lege das Schwimmbrett quer über Dein Gesäß und halte es mit den Händen seitlich fest. Versuche nun, die Füße so anzuschwingen, daß die Hacken jedesmal das Brett berühren.«

72. »Lege die Arme verschränkt vor den Kopf und mache den Beinschlag mit unterschiedlich (oder konstant) hoher Kopfhaltung. Nicht vergessen, die Hacken bleiben beim Anschwingen immer oben.«

73. »Falte Deine Hände am Hinterkopf zusammen.«

13.4. Übungen zur Verbesserung der Schwimmlage im Delphinschwimmen

In der Gesamtbewegung:

Gesamtbewegung 74. »Schwimme im Atemmangel (möglichst viele Züge ohne Einatmung). Lege Dein Gesicht ganz flach auf das Wasser, und achte darauf, daß die Schultern in der Schwungphase völlig frei werden vom Wasser.«

75. »Schwimme im Einerzug, und lasse das Kinn im Moment des Einatmens (höchster Punkt) genau an der Wasseroberfläche, schwimme also so flach wie möglich.«

76. »Schwimme mit verlängertem Gleitschub, und versuche, während des Zuges besonders flach zu liegen, indem Du in der Zugphase die Arme sehr weit nach außen öffnest (vergrößerter Öffnungswinkel). Halte trotz des größten »ersten Bogens« das Zugmuster (Schlüsselloch) ein.«

77. »Beginne erst mit einer übergroßen Körperwelle zu schwimmen, die Du durch eine übertriebene Kopfsteuerung (heben und senken) erreichst, und versuche dann, nach und nach immer flacher zu schwimmen (Kopfsteuerung auf Mindestmaß reduzieren), bis hin zum Atemmangel, wo Du am flachsten liegst.«

78. »Schiebe die Druckphase betont weit nach hinten, gib einen starken Enddruck, und schwinge die Arme so flach wie möglich, aber frei vom Wasser, nach vorne.«

79. »Schwimme mit unterschiedlich hoher Schwungphase. Achte auf die dabei entstehende Veränderung der Schwimmlage.«

80. »Versuche, mit den Armen möglichst spritzerlos in das Wasser einzutauchen. Beginne mit einer gefühlvollen, betont nach außen gerichteten Zugphase.«

81. »Beschleunige die Arme sehr stark kurz vor dem Eintauchen, und beobachte die Auswirkung auf die Schwimmlage.«

82. »Reiße die Arme am Ende der Druckphase besonders hoch aus dem Wasser, und beobachte die Auswirkungen auf die Schwimmlage.«

83. »Versuche einmal, mit gestreckten Armen durch das Wasser zu ziehen, und achte auf die Auswirkung auf die Schwimmlage.«

84. »Betone den zweiten Beinschlag, und versuche, ihn bis zur völligen Streckung der Beine durchzubringen.«

85. »Schwimme im Zweierzug, und nimm während des Zuges , auf den Du nicht einatmest (1. Zug), eine etwas erhöhte Kopfhaltung ein.«

86. »Hole die Schwungphase bewußt aus den Schultern heraus, die dabei ganz locker sein sollen.«

Nur Beinarbeit:

87. »Lasse die Arme vorne gestreckt liegen, und atme nach jedem zweiten Beinschlag ein. Bleibe im Moment des Einatmens mit dem Kinn am Wasser.«

88. »Strecke beide Arme nach vorne, und lasse während der Beinarbeit den Mund ständig frei vom Wasser.«

89. »Schwimme mit übertriebener Kopfsteuerung (vom Kopf in den Nacken bis Kinn auf die Brust) und beobachte die Auswirkung auf Deine Schwimmlage.«

90. »Lege die Hände an die Oberschenkel, und schwimme mit dem Gesicht flach auf dem Wasser liegend (Atemmangel). Versuche hierbei, den Beinschlag bewußt aus der Hüfte heraus einzuleiten (nicht aus den Schultern, also flache Lage.).«

91. »Ausgangslage wie zuvor, lasse jetzt immer das Kinn (Nase, Mund, Augen) konstant an der Wasseroberfläche, und achte nach wie vor auf hohes Anschwingen der Beine vor dem Abwärtsschlag.«

92. »Ausgangslage wie zuvor, nun mit ständig wechselnder Kopfhaltung.«

93. »Ausgangslage in der Seitenlage. Strecke den unteren Arm nach vorne, die andere Schulter ist frei, und die Hand liegt auf dem Oberschenkel.«

Variationen in der Seitenlage:

94. »Ausgangslage wie zuvor, mehrmals pro Bahn von der einen Seite auf die andere Seite rollen.«

95. »Strecke den unteren Arm nach vorne, halte den oberen Arm senkrecht aus dem Wasser.« (Seitenlage)

96. »Strecke beide Arme nach vorne aus.« (Seitenlage)

97. »Versuche, nach jedem Abwärtsschlag die Beine verlangsamt nach oben anzuschwingen und versuche jeweils, mit den Kniekehlen die Wasseroberfläche zu erreichen (lange Beine).«

98. Beginne mit einer großen Körperwelle zu schwimmen, die Du nach und immer kleiner machst.«

99. »Schwimme im Zweierrhythmus mit Betonung des zweiten Schlages. Achte darauf, daß im Abwärtsschlag der Hüftbereich gestreckt bleibt, und hier kein aktives Anheben oder gar Einknicken erfolgt.«

100. »Schwimme mit unterschiedlich großer Amplitude und achte auf die Auswirkung auf die Schwimmlage.«

14. Zug- und Zugzahlübungen

Zug- und Zugzahlübungen dienen dazu, die Qualität des Armzuges zu verbessern.

Ein Armzug muß noch lange nicht gut sein, wenn das Zugmuster, die Bewegungsbahn, die die Hand bzw. die Hände in das Wasser hineinmalen, auf den ersten Blick richtig ausgeführt erscheint.

Der Armzug muß ... Der Armzug muß in sich eine ganz bestimmte Beschleunigung erfahren, die Hand muß sich, durch ständige Veränderung des Anstellwinkels zum Wasser, die optimalen »Druckverhältnisse« suchen; der Beugungswinkel im Ellenbogen muß jederzeit einzelnen Phasen des Zuges angepaßt sein, alle unmittelbar beteiligten Gelenke am Arm (Handgelenk, Ellenbogen und Schultergelenk) müssen leicht steuerbar sein; in der Muskulatur dürfen keine unnötig hohen Spannungszustände auftreten; der Armzug muß in einer guten Relation zu den individuellen Hebelverhältnissen stehen, er muß auch zu der gewählten Streckenlänge und zur jeweiligen absoluten Schwimmgeschwindigkeit passen; die Zugfrequenz muß bestens eingestellt sein, wie auch die Länge jedes einzelnen Armzuges. Die zum vollständigen Armzug zählende Schwungphase soll innerhalb des Bewegungsablaufes für eine gewisse Entspannung sorgen. Die Schwungphase muß so ausgeführt werden, daß sie keine nachteilige Auswirkung auf die Lage des Körpers im Wasser hat und damit den gerade gewonnenen Vortrieb wieder mindert. Der Armzug muß in einem ganz bestimmten Verhältnis zur Beinarbeit stehen, und auch die Atmung ist in seinen Bewegungsablauf zu integrieren.

Nicht komplett Die Auflistung ist noch nicht komplett, es sollte jedoch deutlich genug geworden sein, daß ein Armzug nicht nur an seinem Zugmuster zu messen ist.

Die folgenden Übungsbeispiele sollen dazu beitragen, den Armzug an sich zu verbessern wie auch die Zugzahl (Frequenzen und andere der zuvor aufgezählten Details).

Ich unterteile die Übungen in einen allgemeinen Block (gültig für alle vier Schwimmarten) und in einen speziellen Block (gültig für die jeweils angegebene(n) Schwimmart(en).

Allgemeine Zug- und Zugzahlübungen

Zug- und Zugzahlübungen Die hier aufgeführten Übungen können in allen vier Schwimmarten angesetzt werden.

»Allgemeiner Block«
1. »Schwimme eine Bahn auf Temposteigerung, ohne Veränderung der Zugfrequenz.«

2. »Schwimme eine Bahn auf Temposteigerung, bei gleichzeitiger Reduzierung der Zugfrequenz (länger und schneller).«

3. »Schwimme pro Bahn mit wechselnden Frequenzen, das Schwimmtempo kannst Du dabei wechseln oder aber auch konstant halten.«

4. »Schwimme pro Bahn zu Beginn mit schwacher Beinarbeit und hoher Zugzahlfrequenz. Reduziere mit zunehmendem Einsatz der Beine die Zugfrequenz.«

5. »Schwimme eine Bahn mit vorher festgelegter Zugzahl.«

6. »Schwimme eine Bahn mit festgelegter Zugzahl und vorgegebener Zeit (Schwimmgeschwindigkeit).«

7. »Schwimme pro Bahn immer die gleiche Zeit, setze jedesmal eine andere Zugzahl ein.«

8. »Schwimme eine Bahn mit der extrem niedrigsten Zugzahl, ohne daß es tote Phasen im Bewegungsablauf gibt.«

9. »Schwimme eine Bahn mit steigender Frequenz, beginne mit sehr langen Zügen und ganz niedriger Frequenz.«

10. »Versuche, ganz leise zu schwimmen.«

11. »Versuche, ohne Luftblasen in der Hand zu schwimmen. Beginne mit niedriger Zugzahl und steigere dann die Frequenz.«

12. »Öffne während des Armzuges ein wenig die Finger, und fühle das Wasser strömen.«

13. »Versuche, möglichst früh im Zugverlauf den Druck in der Hand zu erhöhen, fasse das Wasser, und lasse es nicht mehr los, bis zum Ende der Druckphase.«

14. »Variiere den Beugungswinkel der Arme (im Ellenbogengelenk) im Übergang von der Zug- zur Druckphase.«

15. »Bringe den Zugansatz unterschiedlich weit nach außen (übertriebenes Zugmuster).«

16. »Schwimme mit unterschiedlichen Beschleunigungen innerhalb eines Bewegungszyklus. Mache diese Unterschiede in der Schwungphase, in der Zugphase und in der Druckphase.«

17. »Führe Deinen Armzug bewußt mit der Hand. Achte darauf, daß die Hand leicht zu steuern ist, ohne daß es zu einem Ausweichen am Wasserdruck kommt.«

»Spezieller Block«

Bei den folgenden Übungsbeispielen wird jeweils in abgekürzter Form gekennzeichnet, für welche Schwimmart(en) die Übung geeignet ist.
D = Delphin
R = Rücken
B = Brust
K = Kraul

18. D »Versuche im Übergang von der Zug- zur Druckphase, mit den Fingerspitzen beider Hände zusammenzukommen.«

19. D »Versuche im Übergang von der Zug- zur Druckphase, die Hände regelrecht übereinanderzulegen. Bringe dabei im Wechsel einmal die linke und einmal die rechte Hand nach vorne.«

20. D »Bringe in der Schwungphase die Ellenbogen möglichst hoch, und schwinge die Hände dicht am Körper und Kopf vorbei nach vorne.«

20. D-R-K »Versuche, in der Schwungphase mit den Schultern bis an das Ohr zu kommen.«

21. D-R-K »Versuche, im Verlaufe des Zuges mit der Hand den Ellenbogen so früh wie möglich einzuholen.«

22. D-K »Streife mit dem Daumen am Oberschenkel entlang, wenn die Hände das Wasser verlassen.«

23. D-K »Betone den allerletzten Enddruck besonders stark, und versuche, das Oberflächenwasser mit der Hand nach hinten herauszuwerfen; gehe danach in eine lockere Schwungphase über.«

24. D-R-K »Versuche, die gesamte Druckphase etwas tiefer zu legen.«

25. D-K »Schaue unter Wasser Deinem eigenen Armzug hinterher.«

26. R »Versuche, mit der Hand ganz dicht am Körper vorbeizuziehen.«

27. R »Lege den eigentlichen Zugansatz weiter nach unten, indem Du den eingetauchten Arm noch tiefer ins Wasser absinken läßt.«

28. R »Komme mit dem Kopf übertrieben hoch, und lege die Enddruckphase in Richtung Beckenboden sehr weit nach unten.«

29. R »Lege den Enddruck einmal etwas weiter vom Körper weg.«

30. R »Bringe Deine Hand (und damit den Arm und auch die Schulter) in der Schwungphase sehr hoch über Wasser nach hinten zum Eintauchpunkt.«

31. R »Versuche, den Eintauchpunkt durch Überstreckung des Armes sehr weit nach hinten zu bringen.«

32. R »Schaue in der ersten Hälfte der Schwungphase in Deine Hand hinein, die Du ganz locker hängen läßt. Der Ellenbogen bleibt dabei ganz gestreckt.«

33. R »Leite die Schwungphase durch Anheben der Schulter ein. Unterstütze diese Aktion übertrieben dadurch, daß die Hand zuerst mit dem kleinen Finger das Wasser verläßt. Zu diesem Zwecke drehst Du Deinen Arm auswärts, so kommt der kleine Finger nach oben und der Daumen nach unten.«

34. R »Schwimme Rückengleichschlag. Bringe den Eintauchpunkt der Hände in der Verlängerung der Schultern sehr weit nach hinten. In der Enddruckphase drückst Du sehr weit und mit starker Beschleunigung zum Beckenboden. Achte dabei auf die Beugung im Ellenbogengelenk.«

35. R-K »Schwimme 50 m mit Zugzahl = Zeit.
Hole die Zugzahl (und damit die geschwommene Zeit) immer weiter herunter.«
(Anm. Im Spitzenbereich ist über Kraul 26/26 möglich (von unten) und über Rücken 29/29)

36. B »Drücke Dich in der Druckphase besonders stark vom Wasser ab, indem Du von Beginn der Einwärtsbewegung der Arme an den Druck von oben nach unten überstark betonst. Auf diese Weise kommst Du mit Deinem Oberkörper sehr hoch aus dem Wasser heraus.«

37. B »Setze die Zugphase unterschiedlich hoch an.«

38. B　Behalte während des gesamten Zugverlaufes Deine Hände im Blickwinkel, ohne zur Seite zu schauen. Dein Blick bleibt in Schwimmrichtung.«

39. B　»Bringe Deine Hände im Vorschub ein wenig aus dem Wasser heraus.«

40. B　»Versuche am Ende der Druckphase (vor dem Vorschub), mit starkem Druck in die Hände zu klatschen.«

41. B　»Drehe Deine Hände in der Druckphase so weit einwärts, daß Du in die Handinnenflächen schauen kannst. Auf die Weise zwingst Du die Ellenbogen sehr dicht an bzw. unter den Körper.«

42. B　»Versuche, nach einer besonders starken Druckphase die Arme nach vorne locker »ausklingen« zu lassen.«

43. B-K-D　»Versuche, den Zugansatz sehr weit nach vorne zu bringen (totale Streckung mit Vorschub der Schultern).«

44. B　»Gib in der Zug- und Druckphase »akustische« (oder auch moralische) Unterstützung. Da die Zugphase länger als die Druckphase dauert, könnte das etwas so aussehen: »uuuuuuund – jetzt«, oder »miiiiiit - Druck.« Du kannst Dir aber auch ganze Sätze zur »Aufrüstung« gedanklich erzählen z.B. über mehrere Zyklen etwa so:
»miiiiiich-macht .....soooooo-leicht ......hiiiiiier-kei......neeeeer-um«! (4 Zyklen). Bedenke, daß nach jeder Druckphase eine kurze »akustische Pause« eintritt, da vor der Zugphase der Vorschub der Arme liegt.«

45. K　»Ziele nach dem jeweiligen Zugbeginn mit der linken Hand zum rechten Knie und mit der rechten Hand zum linken Knie.«

46. K　»Lege den Eintauchpunkt der Hand unterschiedlich weit nach vorne (ab Kopfhöhe). Strecke nach dem Eintauchen der Hand den Arm im Wasser dicht an der Oberfläche sehr weit nach vorne.«

47. K　»Versuche, genau mit den Fingerspitzen zuerst in das Wasser einzutauchen.«

48. K　»Schwinge mit der Hand ganz flach über Wasser und ganz dicht am Körper nach vorne zum Eintauchpunkt.«

49. K　»Schwimme mit niedriger Zugzahl, lasse die Hand in der Luft ganz locker hängen, so daß das Wasser von den Fingern regelrecht »abtropfen« kann.«

50. K　»Schwimmt zu viert nebeneinander auf der Bahn, ohne daß Ihr Euch gegenseitig berührt.« (»Synchronschwimmen«)

15. Koordinationsübungen

Innerhalb der vier Sportschwimmtechniken geht es unter dem Aspekt der Koordination vornehmlich darum, die Armarbeit mit der Beinarbeit richtig zu koordinieren.

Richtig geschult?
Das Ganze hat unter Einbeziehung der Atmentechnik zu erfolgen, die, so glaube ich, nicht immer richtig geschult wird und von außen vom Trainer häufig auch nur sehr schwer zu erkennen ist, sieht man einmal ab von der Kopfsteuerung, die wir optisch leichter erkennen als den richtigen Zeitpunkt der Einatmung sowie Beginn, Dauer und Intensität der Ausatmung.

In der Trainingslehre wird die Koordination definiert als »Funktion von Zentralnervensystem und Skelettmuskulatur im Rahmen eines gezielten Bewegungsablaufes.«

Intra- oder intermuskulär
Über das Zusammenspiel von Nerven und Muskeln (die Muskuln bekommen ihre »Bewegungsbefehle« über die Nerven) wird also die Koordination gesteuert, wobei es sich um die Koordination innerhalb eines einzelnen Muskels handeln kann (intramuskulär) oder um das Zusammenspiel mehrerer Muskeln oder Muskelgruppen (intermuskulär). Die »neuromuskulären« Vorgänge wirken sich unmittelbar auf die technischen Fähigkeiten und Fertigkeiten eines Athleten aus.

Nicht direkt
Bei der Auswahl der folgenden Übungsformen geht es mir nicht vornehmlich darum, die Koordination der Bewegungsabläufe innerhalb der vier Schwimmtechniken direkt anzusprechen, vielmehr möchte ich eine bunte Palette von Übungsformen in nicht systematisierter Reihenfolge anbieten.

Mit solchen und anderen Übungsformen in diesem Bereich wird als Zielsetzung angestrebt:

Zielsetzungen
– Erweiterung des Bewegungsschatzes im Wasser

– Verbesserung der allgemeinen und speziellen koordinativen Fähig- und Fertigkeiten

– Bessere Ansprechbarkeit für gezielte Fehlerkorrekturen

– Erhöhung des allgemeinen technischen Niveaus

– Größere Bewegungsökonomie

– Steigerung der Sicherheit im Wasser

– Abwechslung im Trainingsprozeß

Hier einige Übungsbeispiele

1. »Schwimme Brustarmzug mit Kraulbeinschlag«

   Variationen dazu:

2. »......, mache den Armzug mal enger und mal weiter – bis in die Extrembereiche«

3. »......, schwimme mit unterschiedlicher Kopfhaltung und auch Kopfsteuerung.«

4. »......, variiere die Beinschlagamplitude«

5. »......, variiere die Beinschlagfrequenz«

6. »......, mische die Übungen „4" und „5"«

7. »......, komme mit dem Oberkörper unterschiedlich hoch aus dem Wasser heraus«

8. »......, variiere die Armzugfrequenz«

9. »Schwimme Kraularmzug mit Brustbeinschlag. Mache pro Armzug je einen Brustbeinschlag, der mit dem Eintauchen des Armes in das Wasser erfolgt. Ein Arm bleibt immer vorn liegen. Nach dem Eintauchen werden beide Arme betont nach vorne gestreckt, und als nächstes zieht der andere Arm, usw.«

10. »Wie zuvor, jetzt kommt jedoch auf zwei Kraularmzüge nur noch ein Brustbeinschlag.«

11. »Kraul-Wechselarmzug mit Delphinbeinschlag. Mit dem Eintauchen des Armes erfolgt der Delphinbeinschlag. Vor dem nächsten Armzug beide Arme nach vorne strecken. Jeweils einen Armzug links und einen Armzug rechts (wie bei Nr. 9)«

12. »Schwimme Kraularmzug mit Delphinbeinschlag, ohne besondere Gleitphase der Arme.«

13. »Schwimme Delphinarmzug mit Kraulbeinschlag.«

14. »Schwimme Delphinarmzug mit Brustbeinschlag.«

15. »Mache auf einen Delphinarmzug einen Brust- und einen Delphinbeinschlag. Lasse nach dem Brustbeinschlag die Arme vorne gestreckt liegen und bringe in diese Streckung hinein den Delphinbeinschlag.«

16. »Wie zuvor, tausche die Folge der Beinschläge aus: Zuerst einen Delphinbeinschlag, dann den Brustbeinschlag.«

17. »Schwimme Delphin mit verlängertem Gleitschub der Arme und mache auf einen Armzug drei Beinschläge. Der zweite und der dritte Schlag liegen in der Gleitpause, der erste erfolgt mit Eintauchen der Arme.«

18. »Schwimme Delphin-Armzug und mache pro Armzug zwei Brustbeinschläge, den ersten mit dem Eintauchen der Arme ins Wasser, den zweiten in der Gleitpause.«

19. »Schwimme Rückenkraularmzug mit Delphinbeinschlägen.«

20. »Schwimme Rückenkraularmzug mit Brustbeinschlägen.«

21. »Schwimme Rückengleichschlag mit Delphinbeinen.«

22. »Schwimme Rückengleichschlag mit Brustbeinschlägen«

23. »Schwimme Rückengleichschlag mit Kraulbeinschlägen«

24. »Variiere im Rückengleichschlag die Art der Beinarbeit«

25. »Mache auf einen Brustarmzug zwei Brustbeinschläge. Der erste Schlag kommt mit der Streckung der Arme, der zweite Schlag in der Gleitphase mit völlig gestreckten Armen und mit dem Gesicht auf dem Wasser liegend.«

26. »Schwimme Kraul-Wechselarmzug, also einen Armzug links mit Ein-
atmung und anschließender Gleitpause beider Arme vorne und einen
Armzug rechts mit Einatmung und anschließender Gleitpause beider
Arme vorne, usw. (einmal links – einmal rechts).«

27. »Kraul-Wechselarmzug wie zuvor, jetzt jedoch zweimal links und zweimal rechts. Der ziehende Arm macht nach dem ersten Zug keine besondere Gleitpause, sondern nur einen normalen Gleitschub, ein Arm
bleibt immer vorne liegen.« (Bei allen »Wechselzügen läuft die Beinarbeit gleichmäßig stark durch.)

28. »Suche Dir einen Partner und schwimme mit ihm synchron, das heißt,
immer gleiches Tempo und gleiche Zugzahl bzw. Frequenz.« (Synchronschwimmen ist in allen vier Schwimmarten möglich.)

29. Synchronschwimmen mit einer unterschiedlich großen Gruppe (nach
oben sind keine Grenzen gesetzt)

30. »Schwimme zwei Kraularmzüge links, zwei Kraularmzüge rechts und
zwei Delphinarmzüge in Verbindung mit Delphinbeinarbeit« (2 links –
2 rechts – 2 komplett)

31. »Wie zuvor, jedoch mit Brust- oder Kraulbeinschlag oder Variationen
aus den drei Beinschlagmöglichkeiten.«

32. »Mache auf zwei Brustarmzüge nur einen Brustbeinschlag«

33. »Versuche die Bewegungsabläufe der einzelnen Schwimmarten rückwärts auszuführen, so, als ob ein Film rückwärts läuft.«

34. »Schwimme aus der Beinarbeit mit einem nahtlosen Übergang in die
Gesamtbewegung hinein.«

35. »Schwimme aus der Armarbeit mit einem nahtlosen Übergang in die
Gesamtbewegung hinein.«

36. »Schwimme Kraul einarmig, und lasse dabei die eine Hand ständig am
Oberschenkel angelegt. Wechsele auch mal die Atemseite und auch mal
den Zugarm.«

37. »Schwimme Kraulgesamtbewegung und setze den nächsten Zug genau
in dem Moment an, wo der andere Arm in das Wasser eintaucht,
schwimme also auf exakte Ablösung.«

38. »Schwimme Rückenkraulbeinschlag und lege dabei den rechten Arm
nach oben gestreckt auf das Wasser und den linken an den Körper, mit
der Hand auf dem Oberschenkel. Hebe nun beide gleichzeitig an und
bringe den rechten Arm mit der Hand zum Oberschenkel und den linken
Arm nach hinten zum Eintauchpunkt.
Die Arme sollen sich genau auf halbem Wege, im höchsten Punkt der
Schwungphase, begegnen, und beide Hände sollen gleichzeitig auf das
Wasser fallen. Mache diese Übung auch mit unterschiedlicher Schwung-
geschwindigkeit.

39. »Wechsele ständig in der Lagenfolge von einer Schwimmart in die andere.
Lege dabei den Wechselrhythmus fest, z. B. 2 Delphinzüge, 4 Rücken-
züge, 2 Brustzüge, 4 Kraulzüge, und wieder von vorne. Bemühe Dich
um fließende Wechsel von der einen in die andere Schwimmart.«

40. »Schwimme auf die Wand zu, und stelle Deine Zugzahl so ein, daß Du mit langen Armen anschlagen kannst (Brust und Delphin zwei lange Arme, Rückenkraul und Kraul je ein langer Arm). Mache diese Übung in allen vier Schwimmarten und in unterschiedlichen Tempobereichen.«

16. Über das Einschwimmen

Zu Beginn eines jeden Trainingsabschnittes, wie auch vor Wettkämpfen, schwimmt man sich ein.

Gemeinsames

Beiden Arten des Einschwimmens sind diese gemeinsamen Zielsetzungen zuzuordnen:

- Gutes Wassergefühl finden
- Aktivierung des Kreislaufes
- Vorbereitung auf höhere Belastungen
- Geschwindigkeitsgefühl
- Schwimmrhythmus finden
- Lockerung, Dehnung und Beweglichmachung im Wasser

Unterziehen wir zunächst das Einschwimmen im Training einer näheren Betrachtung, so treten zumindest diese Fragestellungen auf:

Fragen...

- wie lange schwimme ich mich ein?
- wieviel Meter schwimme ich mich ein?
- welche Intensitätsbereiche spreche ich wie oft und wie lange an?
- in welchem Verhältnis steht der Zeitaufwand für das Einschwimmen zum gesamten Trainingsaufwand?

Die Beantwortung dieser und anderer Fragestellungen hängt davon ab:

noch mehr Fragen

- wie lange dauert der jeweilige Trainingsabschnitt?
- was ist die Zielsetzung des Trainingsabschnittes?
- folgt unmittelbar nach dem Einschwimmen eine mehr oder weniger intensive und länger oder kürzer dauernde Belastung?
- wie intensiv war der vorhergegangene Trainingsabschnitt?
- wie lange liegt der letzte Trainingsabschnitt zurück?

Die Gestaltung des Einschwimmens kann, obwohl die grundsätzlichen Zielsetzungen immer die gleichen sind, sehr vielseitig sein und sollte sich den Gegebenheiten anpassen.

Immer wieder...

Das Einschwimmen ist der erste Hauptteil einer »Trainingsstunde«, und nicht, wie von vielen Aktiven praktiziert, eine Gelegenheit zum lapidaren Hin- und Herschwimmen ohne besondere Auseinandersetzung mit dem Element Wasser, auf das man sich immer wieder aufs neue einzustellen hat.

Gut investiert?

Für Aufgabenstellungen im Rahmen des Einschwimmens werden etwa 10 - 20% des Trainingsaufkommens investiert. Oberflächlichkeiten in diesem Bereich wirken sich genauso nachteilig aus wie z.B. das »Kneifen« bei intensiven Aufgaben.

Von anderen vorbereitenden Maßnahmen einmal abgesehen (Gymnastik an Land, Besprechungen, etc.), beginnt die unmittelbare Wasserarbeit mit dem Einschwimmen und nicht erst danach.

Das Einschwimmen zum Wettkampf

Zu den beim Einschwimmen im Training aufgezählten Fragestellungen kommen hier hinzu:

Wie?

- wie lang ist die zu schwimmende Wettkampfstrecke?
- in welchem Abstand zum Wettkampf schwimme ich mich ein?
- wie sind die äußeren Bedingungen (Wetter, Wassertemperatur, Frequentierung der Einschwimmbahnen, sonstige Bahnverhältnisse, etc.)?
- ist es der erste oder der zweite Wettkampfabschnitt am Tag?
- wie sieht der prinzipielle Aufbau des Einschwimmprogramms aus?

Nehmen wir den letzten Punkt vorweg.
Nach meinen Erfahrungen hat sich der nachstehende Aufbau bewährt, der sowohl von Sprintern als auch Langstrecklern angewendet werden kann. Die konkreten inhaltlichen Füllungen eines Sprinters unterscheiden sich natürlich von denen eines Landstrecklers. Auch wird der Langstreckler zumeist mehr Zeit für das gesamte Programm aufwenden. Die zeitliche Dauer der einzelnen »Blöcke« muß nicht unbedingt gleich sein, ich gebe hier nur ungefähre Anhaltswerte.

Der (mögliche) Aufbau eines Einschwimmprogramms für den Wettkampf

	Sprinter	–	Langstreckler
1. Allgemeines Einschwimmen, möglichst ohne Pause	5 Min.	–	10. Min.
2. Übergänge aus der Einzelarbeit in die Gesamtbewegung.	5 Min.	–	10. Min.
3. Steigerungen, Tempoaufträge, Renndurchschnittsgeschwindigkeit, Geschwindigkeitsgefühl, Rhythmusgefühl.	5 Min.	–	10 Min.
4. Lockerungsübungen, Technikübungen, Koordinationsübungen.	5 Min.	–	10. Min.
5. Sprints (Sprinter), Anfangstempo oder etwas schneller (Mittel- und Langstreckler)	5 Min.	–	10 Min.

Die Umfänge

Der Gesamtumfang in Metern dürfte bei den Sprintern bei 1000 - 1500 m liegen, bei den Mittel- und Langstrecklern bei 1500 - 2500 m (gültig für hohes Niveau!). Der Anteil der Meter, die in Renndurchschnittsgeschwindigkeit oder schneller geschwommen werden, liegt bei den Sprintern (50 m und 100 m Schwimmer) bei 100 - 300 m. Bei den Langstrecklern (800 - 1500 m) etwa bei 500 - 1000 m. Es versteht sich von selbst, daß sich die hier genannten Meter auf mehrere Teilstrecken verteilen.

Nach der letzten echten Belastung im Einschwimmprogramm (Sprint oder Anfangstempo), sollte im Wasser noch eine kurze Lockerung und Erholung erfolgen.

Vor der Meisterschaft.
Die letzten Sprints beim Einschwimmen. Der Trainer gibt das Zeichen. Jeder kennt sein Programm.

Ein echtes »Ausschwimmen« nach dem Einschwimmen halte ich für überflüssig.

Gut verankert? Die Bedeutung und die Wirksamkeit eines gezielten und konzentrierten Einschwimmens ist noch lange nicht in allen »Schwimmköpfen« verankert.

Zu häufige oder zu lange Unterbrechungen im Ablauf, zu häufige oder zu lange Kommunikation mit Schwimmfreunden auf der Bahn, zu häufige oder zu lange Ablenkung durch andere äußere Einflüsse sind an der Tagesordnung.

Unsicherheiten treten bei der Frage auf, in welchem zeitlichen Abstand zum Wettkampf das Einschwimmen beendet sein soll. Ich persönlich plädiere für den Abstand von 20 - 45 Minuten. Ist der Abstand voraussichtlich größer (ein grober Zeitplan ist leicht erstellt), empfiehlt sich ein kleines zweites Einschwimmen über 5 - 10 Minuten, das unter Umständen auch sehr dicht an den Wettkampf herangelegt werden kann.

Es gibt genügend Wettkämpfe, bei denen mit solchen Dingen ein wenig experimentiert werden kann.

Hier einige Dinge für Trainer und Aktive, die man nicht unbedingt glauben muß.

Glaube nicht alles Glaube nicht, ...

. . . . . daß ein »gutes Gefühl« beim Einschwimmen ein gutes Wettkampfergebnis sicherstellt. Du kannst ganz unangenehme Überraschungen erleben.

. . . . . daß Du nach einem Einschwimmen, in dem es mal »nicht so gelaufen« ist wie Du wolltest, nichts mehr zu erwarten hast. Es gibt auch angenehme Überraschungen.

. . . . . daß Du Dich auf einer »vollen« Bahn nicht einschwimmen kannst. Mit etwas Fantasie ist auch da sehr viel möglich.

. . . . . daß nur ein abschließender »Topsprint«, möglichst in Bestzeit, Dich für den Wettkampf gut rüstet.

. . . . . daß Deine Sprints immer in Form von »25er« mit Startsprung geschwommen werden müssen und mit ganz präziser Zeitmessung. Es gibt viele Möglichkeiten, Sprints durchzuführen.

. . . . . daß es sich lohnt, sich in eine lange Schlange hinter dem Startblock einzuordnen. Du brauchst Dich auch nicht vorzudrängeln. Gehe auf eine andere Bahn und mache dort einige Sprints, die auch unterschiedlich lang sein können.

. . . . . daß es immer den Tatsachen entspricht, was sich Aktive (oder Trainer) beim Einschwimmen so alles »zuflüstern«.

. . . . . daß mit dem Einschwimmen die unmittelbare Wettkampfvorbereitung beendet ist. Deine Vorbereitungen sind erst mit dem Startkommando abgeschlossen.

. . . . . daß Du nur unter »idealen« Bedingungen gut sein kannst. Sei nicht mimosenhaft und setze Dich über Schwierigkeiten hinweg.

. . . . . daß Du Dir selbst einen Gefallen tust, wenn Du unveränderbare Gegebenheiten bejammerst (z.B. »kaltes Wasser«, »schwere Bahn«, »schlechte Leinen«, usw.).

Solche und viele andere Dinge darfst Du nicht glauben. Mit der Zeit wirst Du immer mehr erkennen, wenn Du hellwach bei der Sache bist, was Du glauben darfst und was nicht.

Eines, das darfst Du im Zusammenhang mit dem Einschwimmen zum Wettkampf mit Sicherheit glauben:

Das glaube... Ein konzentriertes, variables und ausgewogenes Einschwimmprogramm ist ein weiterer Baustein zu einer guten Leistung.

Schwimm-Literatur

Übungsleiter und Trainer, Studierende und Sport-lehrer müssen dieses führende Schwimm-Buch Counsilmans kennen, wenn sie »up-to-date« sein wollen. Für den Leistungssport ist es ein Brevier; der Schulsport bekommt Grundlagen und Impulse für methodisches Handeln. Der aktive Schwimmer jeden Niveaus erhält entscheidende Selbsthilfe für Training und Wettkampf! Ca. 320 Seiten, 398 s/w-Fotos (darunter 270 Unterwasser-Bewegungs-studien incl. spezieller Lichtspuraufnahmen), 143 Zeichnungen und graph. Darstellungen, zahlreiche Tabellen, Check-Listen, Sachregister, ausführliche Quellenangaben und Literaturhinweise, ca. 22 x 28,5 cm; gebunden, hard cover.
Best.-Nr. 13008

Dieses Büchlein bietet 65 Spezialübungen mit weiteren Variationen. Jede Übung wird im Foto gezeigt und mit Kurztexten erläutert. Ein Buch, das jeden Schwimmer täglich begleiten sollte u. jedem Trainer wertvolle Trainingsinhalte bietet. **Paddy Garratt** ist einer der englischen Erfolgs-trainer und wurde »Trainer des Jahres«. **Niels Bouws** ist Bundestrainer im Deutschen Schwimmverband und demonstriert mit dt. Re-kordschwimmern wichtige Spezialübungen. 90 Seiten, 163 Fotos, Format: DIN A 5, kasch. Umschlag, brosch.
Best.-Nr. 13029

Nicht nur Übungsleiter und Trainer in den Schwimmvereinen werden mit dem Leitfaden den leichten Einstieg in die Theorie des Sport-schwimmens finden, sondern alle, die Schwimmen lehren oder selbst schwimmen: Lehrer, Studenten, Schwimmeister, Eltern und Aktive selbst.
135 Seiten, zahlreiche Abb., Fachwörter-Ver-zeichnis, Literatur-Angaben, DIN A 5, folien-kaschierter Umschlag, brosch.
Best.-Nr. 13032

von fahnemann

Klaus Reischle

Biomechanik des Sportschwimmens Teil I

Die Anwendung biomechanischer Erkenntnisse in Unterricht und Training

Schwimmsport-Verlag Fahnemann

Teil I
Best.-Nr. 13010

Teil II
Best.-Nr. 13012

Die Biomechanik des Schwimmens wird vom Autor nicht als trockene Theorie, sondern anwendbar für Lehre und Training dargestellt. Der Praxisbezug steht im Vordergrund. Zu jedem Kapitel gehören Arbeitsmaterialien fürs Selbststudium und Verständnisfragen für die Eigenkontrolle. Im Glossar werden Fachbegriffe für den Laien erklärt.
110 Seiten, zahlreiche Abbildungen, kasch. Umschlag, Format: DIN A 5, brosch.
Best.-Nr. 13010

Jürgen Innenmoser

Schwimmspaß für Behinderte

Ein Leitfaden für Behinderte, Eltern und Betreuer

Schwimmsport-Verlag Fahnemann

Wasser vermittelt Behinderten vielfältige Erlebnisse und Bewegungsanreize. Die Steigerung der Bewegungsaktivität stärkt auch die psychischen, geistigen und körperlichen Lern- und Entwicklungsprozesse. Das Buch wendet sich an Behinderte selbst, an die Eltern, an Pädagogen und Übungsleiter und an alle anderen Interessierten.

150 Seiten, Format: DIN A 5, zahlreiche Fotos und Zeichnungen, brosch.,
2. Auflage 1987
Best.-Nr. 13706

»Erst wenn der Bewegungsablauf korrekt ist, lohnt sich die Trainings-Schinderei!«
(Aussage aller Experten!)

Alle Bewegungsabläufe des Sportschwimmens werden in klarer, leicht verständlicher Form dargestellt. Alles, was Schwimmer, Trainer, Lehrer wissen müssen, in Super-Zeitlupe, über und unter Wasser, mit Standkopien wichtiger Phasen.

Best.-Nr. 16 400 (deutsch) / **Best.-Nr. 16 401** (englisch)